U0130325

董必武家书

董必武 著

董绍壬 编选

生活·读书·新知 三联书店　生活書店出版有限公司

Copyright © 2016 by Life Bookstore Publishing Co.Ltd
All Rights Reserved.
本作品版权由生活书店出版有限公司所有。
未经许可，不得翻印。

图书在版编目（ＣＩＰ）数据

董必武家书 / 董必武著 ; 董绍壬编选 . — 北京 :
生活书店出版有限公司 , 2016.7
ISBN 978-7-80768-160-1

Ⅰ . ①董… Ⅱ . ①董… ②董… Ⅲ . ①董必武
（1886-1975）— 书信集 Ⅳ . ① K827=7

中国版本图书馆 CIP 数据核字 (2016) 第 155605 号

责任编辑　郝建良
装帧设计　罗　洪
责任印制　常宁强
出版发行　生活書店出版有限公司
　　　　　（北京市东城区美术馆东街 22 号）
邮　　编　100010
经　　销　新华书店
印　　刷　北京顶佳世纪印刷有限公司
版　　次　2016 年 7 月北京第 1 版
　　　　　2016 年 7 月北京第 1 次印刷
开　　本　635 毫米 ×965 毫米 1/16　印张 15.25
字　　数　100 千字　图 131 幅
印　　数　00,001-20,000 册
定　　价　45.00 元
（印装查询：010-64052612；　邮购查询：010-84010542）

目　录

第二辑 致子女信

第四辑　致子侄辈信

附录　何连芝家书

写在前面的话

董良翚

书，简单一点说，就是一扇窗户。打开这扇窗户不仅仅可以看到无穷无尽的各种人文景观，还能看到未曾经历的或者不曾深入了解过的故事，或者感知将要发生的事情，了解不同历史时期、不同人群活跃的思想。这是书给我们的。

家书出版了，其实是把一种私密的思想交流公开化了：同辈人的交流、长辈对后代的关爱和教育。读者可以看到在历史进程中一个家族里的一段思想动态，也可以看到一个人的一支思想脉络。

父亲给我母亲的信里除了通报自己的近况、交代一些事情外，总会把随他外出的每位工作人员的情况告诉母亲，也一定会问候留守寓中的所有工作人员。父亲从来都视他们如家人一般，是一种全新的同志关系。记得母亲讲过一个关于父亲的逸事。在抗战时期，父亲太忙，因为忙，连看表的时间也常常被挤得没有了，偶尔险些误事。父亲索性把手表交给当时的警卫员，由他来掌握时间。结果没多久，那人"跑路"了。害得父亲还检讨：客观上"资助"了这个革命意志不坚定者的逃跑。

在这本集子里有一封父亲写给我的信。还记得那是我上中学，有一年，我有补考的学科，已经记不得是哪门课程。放暑假时我向父母隐瞒我有补考的事，也跟着去了外地；暑假没结束，补考时间到了，就偷偷溜回北京参加补考，临行前也没有向父亲解释，或者说没有补一个"报告"。补考完妈妈打电话告诉我：父亲非常生气，要我写信说明情况。我只得写信，简单地对自己补考的事敷衍了事地说了说，然后，反而主要责怪父亲脾气大（幸亏这封信没有留下来，不然，对我的幼稚无理自己会长久地自责）。刊出来的这封回信告诉我：他不仅是我的父亲，更是我的朋友，对朋友要以诚相待；我没有像朋友一样对待他，他是为此生气；他还承诺以后改正自己的脾气。这本是我和父亲一次私密的交流，是父亲教我做人、做事和学习。

我常常回味这封信，体会在我成长的过程中父亲一直真正在做我的老师、朋友；多少年后我入了党，还成为父亲的同志。

他用自己的思想历程和他的坚守教育我；他说母亲的慈惠是告诉我妇女的社会承担。他的爱是矗立在我眼前实实在在的榜样。无论什么时候想到父亲，想到他不经意的话语，想到他深思熟虑的文字，总让我感到十分温暖、贴心。这与旧时代比较就是全新的父女关系。

我又想起我上中学时，父亲要我们在暑假里抄写列宁的《青年团的任务》一文。他说他也抄，他就真的用毛笔小楷，一个假期抄完这篇文章。父亲从来都十分注重家人的思想教育，并且以身作则。

需要特别说一说的是，在这本集子里收录了我母亲写出的一些信。

我母亲出生在四川省万源县（今万源市）偏僻山区的穷人家，贫穷家的妇女没有地位，在那里，人们都称女孩子为"客娃娃"。女孩子从出生到出嫁，只是娘家的客。贫穷使得人们根本不可能让"客娃娃"上蒙馆或私塾。甚至连女孩子的出生年月也没有人记得清。母亲参加革命前认字不多，也没有写字的机会。母亲参加革命后打仗、行军是常事，直至长征胜利。在延安，大约1937年经李坚贞阿姨介绍和父亲结婚，父亲母亲在延安共同生活时间不多，父亲又被派到国统区。母亲留在延安参加大生产运动，整风运动。之后曾追随父亲到武汉、西安、上海、南京、重庆等地方，参加处理一些力所能及的繁杂琐碎的事情，真正是我父亲最强有力的后勤工作支持者。进京以后我们家生活才逐渐稳定下来，1957年前后我们家搬进中南海，母亲已经四十六七岁了，她才刚刚拥有坐下来学习文化的条件。

本书集中我母亲落款的给家乡亲人们的信，前期——以我父亲谢世为界限——写的信大都可以清晰地看到我父亲的身影，因为大多数是父亲起草的，还有些信可能失落了；有我母亲抄的，也有我或者哥哥抄的；还有的是工作人员抄的（这是父亲教身边工作人员学习文化的方法）。虽然我母亲抄写不多，但每封信她都要代执笔的人给她读读。她的记性很好，什么时候给谁写过信、大致内容，在相当长的时间里不会忘。

家书的形式，大概已经变成历史了。尽管我非常留恋那文字间溢满的真情、关爱和亲情，留恋文字给人长久不衰的美感，留恋文字可以传承的精神享受；但新的通信手段，文字的、视频的、会话的方式现在使用起来都很快捷、通畅、直观，新的通信手段入门要求又不高；亲人、朋友、同志的交流更随意、更方便，也更频繁了；人际关系似乎更近了。科技的进步带来对文字记录的冲击难以估量。新潮的通信联络方式汹涌澎湃地迅速扑过来，旧有的表现形式不得不戛然而止。这一改变让我很纠结，也很无奈。

也许这只是九斤老太式的哀叹。

我其实不够写序的资格，也不敢写序。只是应编选人、我的侄儿董绍壬的请求，暂借一两页篇幅介绍一点情况。

衷心地希望读者通过本书了解一点我的父亲，亲近一些我的父亲；读者在读本书时，也是您的心灵和历史在道别，衷心地希望您能取得最大收获。

2016 年元月

编者前言

董绍壬

家书的分类和排序

从2014年年底确认出版意向起，至今已经有一年多的时间。家书的收集整理工作逐渐理顺清晰，终于要告一段落了。

书中集结了董必武家书共六十八封，以及夫人何连芝写给家乡亲属的书信十封。我们将这些家书按照收信人进行了分类和归纳整理，将家书集划分为五个部分：致妻子信、致子女信、致同辈信、致子侄辈信及何连芝家书。

在每一部分中，信件排序遵照了两个原则：

其一，按照中国长幼尊卑的传统，采取了红安董氏的字辈和长幼顺序排列。红安董氏最早是从江西迁到湖北麻城，明嘉靖黄安建县时，董氏其中一支又从麻城迁到了现今红安。红安董氏排辈按照如下顺序："文国之步，士为其基，贤良绍德，方正希昌。"董必武原名贤琮，是贤字辈。本书中的献之（贤琛，号献之）和贤煦等与他同辈，良新、良俊等为良字辈子侄，绍敏、绍胜等为孙辈，以此类推。

其二，针对收件人的多封信件，按照写信的时间、年代进行排序。由于很多信件落款时没有标注明确年份，而多用月日落款，因此在很多信件年代的判定上，我们只能以信内描述的人物、事件以及多封信件之间的关联性为依据，查询族谱或向亲属考证，最后划定准确时间或者进行大致推断。因此部分信件年份的不精确，还请读者见谅。

家书的收集和致谢

本次收集的家书，时间上集中在1942年至1979年的三十多年间。内容上涉及极广，从小到家族中的婚丧嫁娶、生孩子起名、各种琐事和生计，以及对晚辈的学业指导和谆谆教诲，大到对治国大政方针的思考、指导家人的参与实践等都有覆盖。

我问过父亲有没有见到过爷爷1949年前写的家书？他想了想说没有。战争年代，为革命四处奔走，也没有稳定的通信地址，正是"烽火连三月，家书抵万金"。在本书中董必武1949年写给红安家乡大嫂的信中也得到佐证："离家二十多年，很少问候你，我知道这二十多年事变很多。家里房子早被蒋介石匪军拆毁了，弄得你们大家都无安身之所，以后日寇轰炸，又把整个城市毁了。我十一年前走县城内经过了一次，前□年到汉口，都不敢找你们，又怕连累你们。"实际上是既不敢写，也没地方寄。

此外，从1942年至1946年间爷爷的几首写给家乡弟、侄和朋友的诗词中也可看出些端倪。例如，1942年9月的一首《喜得觉弟书及七律一首依韵答之》中有"乱离人似九秋蓬，一纸飘然寄自东"句，从诗的题目和此句中可以明显看出是收到了来自家乡亲人的音信，高兴之余以抒怀的诗作来表达"故乡回首月明中"的思乡之情和对亲人的思念。但虽然有诗尚存，在当时的情况下能否回信就很难说了，很可能对家乡亲人来说，给董老的家书是"有去无回"，只是期盼，只是藕断丝连。而对董老来说，可能是永远仅仅停留在"书此笞之""除夕有怀"上。我想这些诗作虽非实实在在寄出的家书，却胜似家书。正因为此，我更能理解老人家在《遥寄觉生之灵》中"沧桑世事竟何悲，故宅唯余劫后灰。珍重一声成永诀，抚心令我总依依"写的对家乡故人的深厚情怀。也更能理解为何在几乎每封信中老人家都要反复询问对方的身体情况、病况甚至是一些亲属身后事的安排，同时也不厌其烦地描述自己的健康状况以使亲人能够放心，减少挂念。

在没有网络，电话、电报使用并不普及的时代，家书是维系家人情感的主要的沟通方式，包含着浓浓的亲情。这次在收集过程中虽收集到一些董必武写给朋友、同事和与文人唱和的书信，但考虑到家书是以家人之间亲情的交流为主，就没有把这些书信囊括进来。因此本书是不求人生全貌，但求家庭温暖。

能使读者更好地了解董必武对家人亲属的情感和期望。

家书收集过程中最大的遗憾和无奈是很多信件散失。原因有多种，诸如搬家、分家、保存不当等，不一而足。例如，1990年生活·读书·新知三联书店与中央文献出版社共同出版的《老一代革命家家书选》中曾经收录董老家书十六封。本次虽然也都收集在一起，但在找寻原件的过程中，竟然有八封已经找不到了。又如，1985年湖北人民出版社出版的《董必武传记》一书中引用的一些家书段落，原信也无从查找了。

为了多找寻和收集一些信件，我曾经和绍字辈的同宗兄弟一起到过红安朱家冲老屋。董家在红安县城的老宅[1]1927年被烧毁后，董家人四散躲避，其中一支在罗家坡和孙家湾隐姓埋名近二十年，1946年，由董良俊、董良勋在朱家冲购地修建居处并作为祖屋管理。董老为此屋的修建出资购置过木材，解放后还曾在回乡时两次步行至朱家冲。就在这间偏僻破旧的泥墙屋厅堂正中的小抽屉柜中，竟然找到了六封家书！在南方这种白天屋门大开、自然开放且潮湿的环境中保存下来实属不易。

书信收集的过程，实际上也是家人们共同努力找寻先人足迹和思考自身的过程。很多亲友由于年龄大了，压箱底的书信翻找起来已很困难，有些是在子女的帮助下或在照顾病人的空当间进行找寻和提供线索。回想一下这次收集家书的体会，想

---

1 现董必武故居。

来物品保存得好的地方基本还是博物馆系统和被人暂时遗忘的无人问津之地。

为此，真诚感谢红安县文物局和红安县董必武纪念馆给予的帮助；真诚感谢这一过程中提供过帮助的亲友们（排名不分先后）：董良羽、董良翚、董良翮、董良泽、董良浩、董良新、董良初、董绍经、马霞、董绍勤、陈永明、王天明、董绍洪、董洪勇、董绍胜、董绍新、黄琼珍、董绍刚、林峰、戴剑华等；真诚感谢湖北省董必武思想研究会办公室的同志们在文字整理方面的尽心尽力！

家书中的殷殷期望

家书通常都浓缩了写信人对于社会和人生的经验和思考，字里行间充满亲情与关爱。各人看家书时也由于角度和所关心的重点不同，会各有感悟。

作为后辈，我更希望在家书中看到的是爷爷对后辈家人，特别是对孙辈的关爱、鼓励和期望，从而了解一位经历了剧烈时代变迁和战火洗礼、阅尽人间沧桑的老人的信念和所思所想。

董必武在世人的眼中是无产阶级革命家，中国共产党的创始人之一，一生从不计较个人得失，高风亮节。在亲人眼中则是：身居高位，却从不自视特殊，且严格要求自己和亲属。通过以往的回忆录，我可以看到子女眼中的董必武是低调、朴素、平和的："他不许浪费一张纸，一把牙刷、一条毛巾都非用到不能再用的时候才更换"；"强调要我们做自食其力的老实人"；

"为人处世要吃得亏"；要学会"跑龙套"；"做人要有规矩"。

这些完全可以用朴、诚、勇、毅四字来概括。红安董氏素以"朴诚"为家训，上世纪20年代爷爷创办私立武汉中学时，增加了"勇毅"两字，定为校训。武汉中学至今仍在使用。朴、诚、勇、毅实际上不仅是他一生遵照执行不怠的"大法"，更是对学生、子女、家人言传身教的品格。

中国人的字与名有密切关系，字往往是名的补充或解释，即"名字相应"，互为表里，故字又称作"表字"。爷爷是清末秀才，自然不会忽略这一中国传统，往往通过起名字寄托对后辈的期许，而且自有讲究。例如，给三个子女起名时都带有一个"羽"字，其意志在高远。不仅如此，在1963年子女成年后，他又专门写了首《字三子》诗，不仅给子女起了动听的字，更明确了对三子的希望："蓄势如鹰隼，奋飞健翼张"；"武能御外侮，斯文亦在兹"；"如鹏飞有意，标指向天津"。

不只子女，很多孙辈也享受了老人家的这一"福利"。通过这次家书的整理，我了解到原来很多红安家乡我的同辈兄弟们的派名都是由爷爷亲自起的。例如，他拟的给红安家乡绍字辈的派名"工农勤俭，纲纪群伦"等，含义不言自明。再如绍经，寄托了老人家对国家经济复苏的希望。

在本次收集的家书中还有一个现象，一些信在落款时专门注明本信由爷爷口述，某某后辈子侄执笔。据我母亲回忆，她也曾代笔起草过给红安亲人的家书，但受到了"批评"，原因是爷爷认为信中感情不深。我想爷爷也许正是想通过言传身教，将对故乡亲人的眷恋一代一代地传承下去，将需要通过家书传达的亲情表达透彻。

相对于儿辈普遍感觉严格甚至严厉的学习和生活要求，孙辈们明显享受了更多的慈爱、温柔和宽宏。例如，老人家曾在繁忙的公务中间为孙辈们亲自改信中的错别字和标点符号，并反复叮嘱学习的方法；也曾在很久没有执笔写信的情况下，为回复孙儿的问候而专门"破戒"。奶奶何连芝在爷爷走后也延续了这一做法，对孙辈们进行鼓励，甚至不惜长篇抄写一些生产方法和经验对后辈手把手地指导。

爷爷去世的时候我才三岁，遗憾没有得到老人家的"真经宝典"。可惜的是那个时代并不流行"时间胶囊"，有时候想想，如果若干年后能在一个规定的时间，或者在思考人生甚至在老去的时候，能够有机会看到一个有着如此学识和经历的长辈给你写过的信或诗，看到对你的殷殷叮嘱，会是什么样的感觉呢？再对比自己的所作所为，不知老人家的期望是否能做到呢？

2016年元月

特别说明：本书是根据董老书信原件整理而成，意在呈现家书原貌，文字上只对影响阅读的别字与漏字进行了校订。其中别字用［］标注，漏字用（）标注。

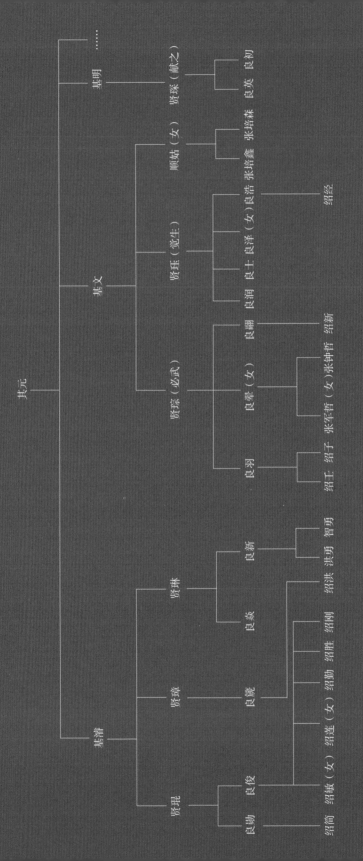

董氏谱系简表

（简表中只列出本书中涉及的人物关系，非谱系全表。——编者注）

第一辑
致妻子信

董必武与何连芝合影（20世纪50年代初期）

致何连芝[1]（1952年3月27日）

贺连芝四十二生日

日历稍迟纪诞辰，我先君后不须论。

层层世网都冲破，壤壤人寰已革新。

莫用心情悬两地，好同花鸟乐三春。

阳光普照身应健，保卫和平合大群。

一九五二年三月廿七日

1　何连芝，董必武的夫人。

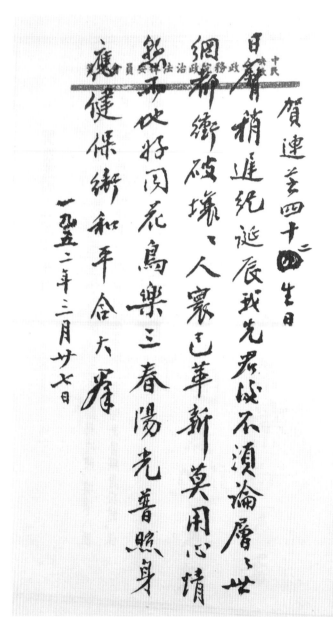

手迹原件

致何连芝（1961年3月3日）

一九六一年三月三日为连芝同志五十晋一诞辰为小诗祝之

贻我含笑花，报以忘忧草。

莫忧儿女事，常笑偕吾老。

1961年6月，董必武与何连芝在北京家中喂小鸡

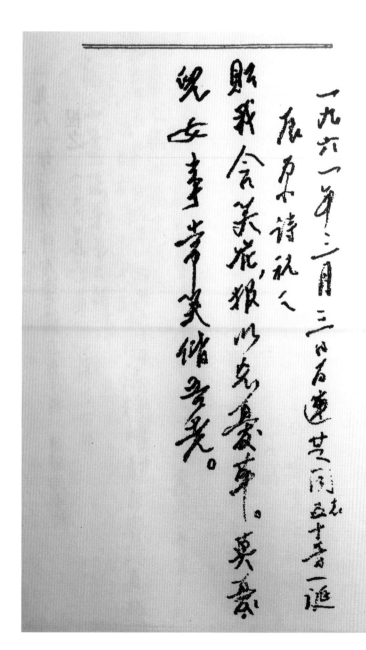

一九六一年二月三日连芷同五十寿一道

原为不诗私人

贱我会美花粳以免爱春。英豪

兑女丰莘笑偕考耄。

手迹原件

致何连芝（1965年11月18日）

连芝同志：

　　我们已于昨日下午六时一刻安抵广州，车速比以前快六个多小时，在路上连停车的时间在内，只走了四十二个小时多一点，可说很快了。我在车上睡得多也睡得好，吃得比在家时多。沿途望见的地上都种了麦子，河北干一点也种上了。河南南部正在下雨，经过湖北湖南也是雨天。广东的晚稻成熟，已开镰收割。两湖和广东收成都比去年好。

　　我住在以前住过的大房子里，今年改住右边卧室。招扶我们的除小赖外都换了新人。我吃得睡得都很好，除在走廊散步外，今天一早起来，就出外散步，午前午后打乒乓球两次，球后又在室外兜圈子，今后就打算这么过。上车后大便也正常了，一天一次。

1958年12月，董必武与何连芝在广东

　　你咳嗽好些没有？小胖温度减低了吧！良羽[1]想必回京了，良翮[2]今天谅已出发。良翚[3]要她今后多到家里看看你。

　　我有一支老牌黑管自来水笔，这次没有带，放在我办公桌中间抽屉里，请告诉小曹清出来，洗一下，搁着，不要带来，我用不着。

　　请告诉丁秘书把山东廿六军党委关于植树给我的第二次报

1　良羽，即董良羽，董必武的儿子。当时在第七机械工业部三院工作。

2　良翮，即董良翮，董必武的儿子。当时在北京上中学。

3　良翚，即董良翚，董必武的女儿。当时在北京大学读书。

告[1]和许秘书给烟台刘专员的信都交军邮带给我，将来和地方驻军谈谈，可能在植树造林上起点推动作用也。

牛医生很殷勤，丁毓奎、小梁都很好。顺问寓中诸人都好！

一九六五年十一月十八日夜　必武

1　1964年夏，董必武在烟台同中国人民解放军第二十六军党委负责人谈关于军队植树造林问题的设想，该军党委十分重视，并提出全军每年植树一百万株的规划。1965年5月12日，二十六军党委就去冬今春全军植树八十五万九千余株向董必武作了书面报告。6月19日，董必武在复信中指出："植树造林，消灭荒山荒地，绿化大地，是后方驻军常年工作之一。"10月20日，二十六军党委又就部队参加植树造林是否妨碍战备以及地方机关与部队配合植树造林等问题向董必武作了第二次书面报告。

致何连芝（1967年1月12日）

为连芝同志抄主席语录一百条毕，题七言绝句一首。

百条语录见精神，革命箴言字字新。
反复诵歌基础奠，用之不尽葆终身。

一九六七年一月十二日

1962年7月，董必武与夫人何连芝在中南海

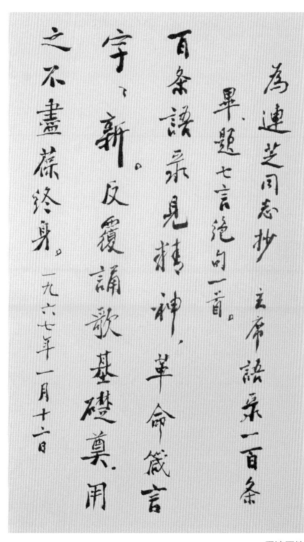

為連芝同志抄　主席語录一百条
畢、題七言絕句一首。

百条語录見精神，革命箴言
字、新。反覆誦歌基礎奠用
之不盡葆终身。

一九六七年一月十六日

手迹原件

第二辑
致子女信

董必武夫妇与三个子女在小石桥胡同留影（约在 1954 年）

致董良羽[1]（1957年12月1日）

羽儿：

　　十二月六日信收到了，电报早已收到。你们已和学校接上关系，暂被送在招待所居住，你们为这事吃惊。这由于原先把事情看得太顺利了。你们应记住这一次的经验，将来毕业后分配到某一部分工作，初去接头时住招待所是普通的现象。我对你们入校学习事没有不放心的地方。

　　你在学校尚未决定之前，在招待所住着，时间切记不要浪费掉，要自己找点什么东西自修，找点自己最缺乏的东西自修。自修中遇到不懂的地方记下来，你们同住的人研究，有可以请教的人就向他请教，学问学问，问是学的不可缺的要件。这点我在京时曾对你谈过。我劝你不要浪费掉时间并不是想你一天到晚啃书本本。不是的，人的生活一天应有学习或工作时间，

1　董良羽，董必武的儿子。当时刚到哈尔滨军事工程学院准备入学。

董必武夫妇与三个子女在小石桥胡同（约在1952年）

也应当有休息和娱乐的时间，只不要把应当学习或工作的时间被休息和娱乐所占去罢了，反之，也是一样。

我这次离京是养病，我每天除看地方报纸和《人民日报》外，写寸楷六十四个，小楷一百四十四个，这二十天来因病因事担搁了几天没有做到，绝大多数的日子就这么过的。你妈妈每天也是写二百个小楷字，丁毓奎、周德志、小江[1]都是这样，我们总不让我们的日子白白地过去。

我到广州后被介绍到军医院看牙齿和皮肤。上牙有三处漏

1　丁毓奎、周德志、小江，当时分别是董必武的警卫员、司机、服务员。

管，医生施手术挖掉，今天才把挖后敷膏取掉了，但上下牙动摇的有四个，只能维持原状。皮肤病最利害的在两腿上，医院决定烤电，要烤十次，每周烤一次，已烤过两次了。我们去虎门玩了一天。前两天我又闹了一点小病，腹泻，体温轻微上升，医生要我躺两天服药，昨天已好了，今日已起床出外参加广州起义[1]卅周年纪念并到医院去看牙了。妈妈饮食很好，眼睛不像从前，她正在找蛇胆酒喝，牙出血没有好。我们和北京的联系很不错，良翚、良翮[2]都有信来。绍简[3]发疝气进医院动过手术，现在想已出院了。

为纪念广州起义卅周年我写了一首诗登在这里报上，《人民日报》未必登，抄给你看一下。

广州起义继南昌，旗帜鲜明见主张。

只有人民救中国，更无道路是康庄。

将成即毁原尝试，虽败犹荣应赞扬。

岗上红花开满地，卅年前事永难忘。

今天因为病躺在床上时无事，做了一首游戏的五言古，稍

1　广州起义，是1927年大革命失败后，中国共产党在广州发动的反击国民党反革命势力的武装起义。12月11日，在中共广东省委书记张太雷和叶挺、恽代英、叶剑英、杨殷、周文雍、聂荣臻等领导下，驻广州的国民革命军第四军教导团联合广州工人、市郊农民，经过激战，占领了市内绝大部分地区。起义胜利后成立了广州苏维埃政府。12日，国民党军队围攻广州。张太雷在战斗中牺牲。起义部队13日被迫撤出广州，起义失败。解放后，在起义者英勇就义的红花岗建立了广州起义烈士陵园。
2　良翚，即董良翚，董必武的女儿，当时在北京上中学。
　　良翮，即董良翮，董必武的儿子，当时在北京上小学。
3　绍简，即董绍简，董必武的堂侄孙。

长一点，纸不够，下次再抄给你看。

　　哈尔滨毕竟在北京之北，你们生活适应环境，总要小心，妈妈时常担心你没有大衣御寒呢！祝你早点入校！

　　　　　　　　　　　　　　十二月一日夜十时半　父　字

董必武与女儿董良翚、儿子董良翮在一起（约在1950年）

致董良翚、董良翮[1]（1957年12月24日）

良翚、翮儿：

　　你们本月十五日信已收到了，你们的学习和日常生活还好，我们可以安心。妈妈要良翚用钱记账，不简单是怕你多花了钱，而是要你胸中有数，并借以了解物品在市场上的价格。这样做，养成习惯，你将来为国家、为人民服务，要用钱的时候，就会从实际出发，不至于专从需要方面着想而要顾及可能了。

　　良翚对自己的学习，感觉得没有什么特殊进步，这种感觉是好的。一方面时间不长，另一方面你是在初中学习，要感觉到有特殊进步的地方是很困难的，我们期望你的地方也不在这一点上。我们期望你在初中的必修课中，把自己学得不很好的课目赶上一般的水平。其次要注意学习方法，最要紧的是听讲课时精神要集中，听教师讲；下课后争取时间复习课文，有

1　董良翚，董必武女儿；董良翮，董必武儿子。

疑问时记下，问教师和同学。总求在一段学程内学得一点什么东西。

良翾这次来信有点进步，写的话语比以前多一点，前信只说学习成绩单上没有二分，我们期望他学得更好。这次说他的语文可能是 100 分，算术 80 分，这就很好。以后写给我们的信总要写两百字以上，除问好以外，随便就眼睛看到的，耳朵听到的写点什么都可以。把写信作为一种语文练习不是很方便么?

祝你们好!

1957 年 12 月 24 日　爸爸　字

致董良羽[1]（1958年1月2日）

羽儿：

你拜年的明信片和信，是在去年最后一天收到的，我们很高兴地看你的信。你已经入校了，穿起军衣、戴起军帽了，你算是军事性质学校的一个学员。说是当兵，还应该入伍，当一个短时期的入伍生，那才真正取得"兵"的资格。入伍和入学并不是一回事，入伍后的生活是"兵"的生活，那比学校生活要严格得多。你校学员是否还要入伍，你们学校负责人会告诉你们的，你自己和你的朋友都应当有精神准备。

你有兴趣写诗，这很不错。你写的诗，有意境。这是诗的骨干，非有不可。诗要有韵律，这点你还没有研究。我国旧体诗还要押韵。韵分平、上、去、入四声，四声又分各□□[2]书中的诗韵，就是说明这些东西的。你的诗"见"、"健"二韵可押，

1　董良羽，董必武儿子。

2　此处原迹不清，用□代替，后同。

何连芝在延安与长子董良羽和女儿董良翚（1941年1月）

但"进"、"安"不押，和"□"、"健"更不押。我为你改了几
处，就成一首可念的诗了。

> 父母南方去，儿独东北遣，
>
> 路远空相忆，只能梦中见。
>
> 旬日是新岁，片纸表心愿，
>
> 发白青春在，颜红步履健。

红圈记号是押的韵。"遣"和"见"在去声"十七霰"部，
"愿"和"健"在去声"十四愿"部。"愿"部韵和"霰"部韵
古时通用，因就你用的"见"、"健"两韵，改掉了"进"、"安"
两韵。若是作新体诗，只要押相近的韵，不必这样讲究。字数

董必武夫妇与长子董良羽（20世纪60年代）

也可以不拘，你如果喜欢诗，还是学新体诗，较少拘束。《唐诗三百首》念念是必要的。《诗刊》杂志可以买来常看。祝你愉快地进入新年！

父　字　1958年元月2日
广州

董必武夫妇与长子董良羽和女儿董良翚在延安杨家岭（1945年）

致董良羽（约1958年3月17日）

羽儿：

今日正想回你三月六日的信，又接你十日信，知道你已报名长期下放，这很好。既已报名，就要准备领导上会批准你的意见。下放后，对你想在学校学点什么的志愿是没有达到的，但在实际工作中仔细体验，也是一种学习，不过不是自己原来打算学的那一门路而已。中苏友谊农场是国营农场，是机械化的农业，能下放到那里，你会学到很多东西。你在学到工作上必需的知识以后，你还可以钻研你原来打算学的一门学问。你希望我们提意见，我同意你愿意报名下放，也同意你自愿下放到的地方。如果再要问还有什么意见的话，那就是领导上决定下放你到什么地方去，你就愉快地踊跃地到什么地方去。

…………

顺问你好！

3月17日　父　字

致董良羽（1958年9月15日）

羽儿：

…………

你已升科，定了所学的科目，这很好。你学习的科目是最新的科目。估计其中有困难，但也不会是不可克服的困难。这就是说，普通人只要有决心是学得到的。学习中是会遇到一些困难的，循序渐进（也许"渐进"二字与你的口味不合，但我想学习科学的基本原理，渐进也不算坏），掌握所学科目的基本原理，应手脑并用，敢于创造，这样，在社会主义建设中，一定能成为一个积极分子。这里还要提醒你一下，你在学习专科时，必须常常学习政治，必须服从共产党和共青团的领导。要学习辩证唯物主义。学政治要看《人民日报》，要学习毛主席的著作（毛主席的著作中应先学哪几篇，可请学校政治课教员指导）。我所以特别提到这一点，因你在中学时是不很注意政治的（你到东北后有进步）。不仅是你，你们几个熟朋友也有同样的情形。良灏[1]最近两年有进步，他已成为正式党员了。

必武手书

1958年9月15日

1　良灏，即董良灏，董必武的侄子。当时在装甲兵工程学院读书。董老在书信中有时也写
作"良浩"，此类情况均根据原迹保留，后同。

致董良羽（1959年11月22日）

羽儿：

　　国庆节后你回校去写来北京的信有些看到了，有些是妈妈和妹妹弟弟告诉我的，一句话，我都知道了。知道了，为什么不写信给你呢？这有一点和你的情况相同，"忙"。大跃进的年代，不"忙"的人是少有的。……你的情况有一点比我强，看了很喜欢，就是"健"。希望你经常保持着这个"健"吧！我不"健"，国庆节后陪匈牙利道比主席去西南访问，刚由成都到昆明就感冒，体温增高了，躺在床上吃药三天多才好，道比主席由别人陪着经西南回北京。我在昆明住了十天，才飞贵阳，贵阳住了三晚飞北京。原来打算在北京呆几天就到武汉去住几天再到广州去。参加苏联国庆节祝贺会后本可以动身，医院要检查身体，说我胆结石，找医生看，吃中药。检查后，寒流来了，犯了感冒，体温没有什么，咳嗽大增，不敢出门了，原定昨日动身的，只好改到咳嗽恢复正常才走。到月底，大概可以离北京。

你前几天给妹妹的信中说"忙"，习题多，开夜车还赶不完，心里"躁"得很，要我们狠狠地批评你。"躁"是要不得的，党早已号召我们戒"骄"戒"躁"，你是预备党员，知道"躁"不好就戒掉它。"躁"不能帮助人解决任何问题，反而会把人赶上错误的道路去。军人要沉着，学理科要精细，这些都是与"躁"不相容的。道理你当然也会讲，但习题多，开夜车还赶不及怎么办？这种情况是否你一个人的，或其他的学员也有类似情况？如果是你个人的，那就只有丢一部分较容易作的习题，每次难题都要克服它。开夜车要控制在身体受得住的范围内，超过了身体忍受的范围，次日上课就成问题了。这点你必须注意！如果不只你一人如此而有几个人或较多的人如此，那就要报告教务处或在班务会议上提出来研究。有些学校设有专员指导学生作业，我不知你校是否应设，你们考虑一下可以向学校建议。每次作业先看题目，难的题目找同学分担，担任的人把所担的题目中的关键何在指出来，大家分途去作较省事。这点当然有毛病，我想比搁起来或开夜车把许多人弄得精疲力尽要好些。这只供你个人参考。因你要我狠狠地批评，只是批评，不想点克服困难的办法不好，所以写了点建议，不行就算了。在西南短时间内

写了几首诗，这次赶不及抄，以后再寄给你。妈妈最近也是
"忙"，身体还耐得住。

弟妹、绍简们都好。

　　顺问

近佳！

父　字

11月22日夜

致董良羽[1]（约20世纪50年代末）

羽儿：

　　今日接到你本月十日信，得知京寓近况，甚慰！

　　……自上海回广州后，到的地方都是短期居住，携带的东西没有打开，你的日记本也在没有打开的东西之内，所以这次的诗通通没有写上去，只好作一笔债欠下来，以后找时间补。

　　西西[2]能把韩先生指出的缺点改正过来就好了。不切实纠正错误，哭也无益。先生说他贪玩，听课不注意，有时自满，说俏皮话、泄气话，都是事实，有几点是我曾指出过的。他要注意从不贪玩、听课注意开始改，才有进步的希望。

　　你想学文学，对于国文和外国文要多注意一些，高中各科都是常识，都应注意，我这里只叫你多注意一些语文课，不是说其他可以不注意也。一切课都要聚精会神地听，下课应抓紧

1　董良羽，董必武的女儿。
2　西西，即董良翮，董必武儿子。

时间复习，作业要按日作完；不懂得要问先生和同学，语文每课至少读十遍，有些课要背诵。每日练习写二百字左右的日记，写完了日记再睡觉。这样干开始当感到有些困难，勉强个把月，就习惯了。日记如觉得没有什么东西可记，就把学过的语文课复述一段也可以。这些方法我以前告诉你们过的，再说一遍，你能试一试，并督促酉酉试几次，督促他聚精会神地听课，按日作完作业，也算是帮助他改过了。

我们经常有电影看，但我想看的文件和书籍每天总是看不完，连写字的时间也挤掉了。我身体还好，吃饭睡觉都好，咳嗽有一点，不算厉害。别人穿单衣，我还是着丝棉袄，因此保持了身上的温度。

你把这信读给妈妈听，让酉酉看，我不另外写信给他们了。顺问

近好！

父 字 2月14日

致董良翮[1]（约20世纪50年代末）

翮儿：

　　在广州动身来武汉的前一天，接到你本月十四日的信。到武汉后，妈妈又告诉我关于你最近学习的情形，知道了你有决心不贪玩，要认真学习，你短期内学习的成绩已有进步。这很好。你过去毛病不少，贪玩，不好学，是主要的毛病，这两点改好，逐渐把其他的毛病，如自满自夸，说泄气话等等都改掉，争取成为校中的三好学生。你应当立大志、树雄心，准备在社会主义社会成为一个不可缺少的人。你改掉了毛病才能进步。

　　《羊城晚报》登有苏联文学家法捷耶夫给他儿子写的三封信，很有意思，特寄给你们一看。祝你好！

2月25日　父　字

1　董良翮，董必武的儿子。

董必武与儿子董良翮在一起（1962年）

致董良翚[1]（1960年12月4日）

女儿：

　　今天打算回你上月二十一日的和西西[2]的信，正在回妈妈信时，接到你十一月三十日由北京女一中发来的信，当即拆读了。你这次信写得很好，把你对我的意见明白地讲出来了，无论如何，总比有意见不讲的好。你说我的性子太急，也说得很对，我不仅性子急，对人的态度也过于严厉，有使人不敢接近或接近而不能尽其词的地方。……参加共产党以后有些改变，但病根没有完全去掉，有时复发，你这次揭发我这毛病，我下决心改。你遇见我旧病复发时就提醒我，总会改掉的。至于你提到那次我病中和你们谈的话，是的，对你那两句话——不但没有把我们当父母看待，并没有把我们当朋友看待——可能重了些，但你自己再想一想，我们同在一所房子里住，同桌吃饭，告诉你学习的文件（青

1　董良翚，董必武的女儿。

2　西西，即董良翮，董必武的儿子，当时在北京上中学。

董必武与女儿董良翚在钓鱼台（1962年）

年团的任务[1]）没有学完，你为着补考期课的事，一句话也不交代就走了，到北京写信也不提这桩事，这是什么态度呢? 对父母可以这样吗? 对朋友可以这样吗? 我当时讲那两句话是就你作出的那件事说的，并不是说你从来就没有把我当父亲待、当朋友待的意思。那次谈话的目的，主要是想使良翻印象深一点，说他的事较多。你的事是陪衬着说的。谈话以后，咱们父女关系还不是和从前一样亲热么? 你这次来信，只谈那次谈话使你伤心的一面，而没有分析我为什么要说那两句话的原因，所以再唠叨一番，你应从那次谈话的前因后果想，单说后果是不全面的。好了，这个问题就谈到这里。总的说，我欢迎你这封信。

---

1 指列宁《青年团的任务》一文。

　　你在这次信中，也谈了你们学校和你们学习的问题。你们学校怎样安排你们的学习，我还不清楚，我想过去安排是任务多了一点，课程紧了一点，没有很好注意劳逸结合，今后会好些。你的学习过去是战线扯得太宽，门门都想学。人的精力毕竟是有限的，各个人禀赋也不同，门门都学，很难门门都学好。中学是学普通知识，应当门门学好，但人的天分不同，有的学得好，有的学不好。你的天分是中等，我看中学课程门门学好有困难。你应当缩短战线打歼灭战，这是毛主席军事学中战术原则之一，你们学毛选四卷就会看得出来。我想还是我以前告诉你们学习的那个方法，即聚精会神地听讲课，除数学等课外，下堂后马上将课文看一遍，不懂的地方记下来问老师或同学，自己择重点课用百分之三十至四十的自习时间温习。这样就有时间和力量把自己认为重点课搞好，同时也不荒废学校规定的普通课。课外参考，以重点课有关的为限。这样的学习方法对你有用，对西西有用，对良羽[1]也有用。

　　关于我的生活情形已在那封信里说了，不再述。做了几首诗，已寄了一份给你们看，旧体诗你们看了不会感到什么兴趣，当时寄得急，不及作注，现将注了的一份寄给你，看了可能多了解一点。顺问近佳！

父　字

12月4日

1　良羽，即董良羽，董必武的儿子。当时在哈尔滨军事工程学院读书。

董必武夫妇与长子董良羽、女儿董良翚在钓鱼台（1962年）

致董良羽[1]（1961年3月27日）

题给羽儿祝二十四岁初度

电能无限发明多，时代尖端属此科。

致用必须专所学，集修当可共无讹。

山高辟路非单干，斧钝成针要细磨。

鼓足劲头持久战，青春不再莫蹉跎。

三月廿七日初稿

1　董良羽，董必武的儿子。

趁阴雨究说二十四岁初度

富能避限发明多时代尖端属此科玖用不须

手所学集图断可共号讹山高测海排草幹爷

鈍感鍼要细磨鞂是劲颈⋯⋯久⋯⋯青丝不再莫

谨玩

三月廿日勤禧

手迹原件

致董良翚[1]（1961年9月5日）

翚儿：

　　我在你离京返校的一星期后我也离开北京，妈妈留在寓中忙家里的事。她收到你返校后第一次信已告诉我了，她说哥哥也有信来。我告诉你一个好消息：西西[2]在八月廿八、廿九、卅日在他的学校里作升级补考，已补考及格了。但也很危险，学校通知他，五门（史、地、几何、代数、俄语）有四门及格就可升级，他恰好考得四门及格。地理四分，几何、代数、历史三分，俄语只考得二分，你说危险不危险呀！我们对他的帮助还不算白费。当时不知道他还能补考，他温习功课抓得不紧，我们也没有抓紧督促检查，他温习功课的质量并不那么好。我初听到他能补考的消息，一方面为他高兴，一方面也为他担心，因为我知道他补习的功课没有一门学得有把握。所以

1　董良翚，董必武的女儿。当时在西安军事电讯工程学院读书。
2　酉酉，即董良翮，董必武的儿子。当时在北京上中学。

当时就告诉他作精神上的准备，考不及格也不灰心丧气。考不取由于过去没有学好，鼓起劲来再学。考及格了也是侥幸，也要鼓劲认真学习才能在初中毕业。我对他能否升级不认为是主要的事，他目前的问题主要是必须改变对学习的态度，过去他的学习是被动的，不认真的，没有决心要会一种本领为建设社会主义服务。我劝他改变这种态度，要认真地听课，认真地做作业，不会的多问。他来信说他愿意今后这样干，这就对了。我希望他如此！他这次俄语只考得二分，颇出我意外，因为我们帮助他俄语是重点学习，暑假中每天都温习，为什么还不及格呢？我写给他座右铭中开首两句是：学要有恒，尤要专心，是针对着他的毛病说的。他每天都读俄文，不能说是无恒，就是心不在焉，所以读如未读，读了不能真正记得和懂得。这意思我写信告诉他了。他理解么？接受么？只有靠他的自觉。今年暑期补习虽不能令人满意，他在受挫折以后，有点向上的转变，但没有彻底转变，虽然如此，我还是欢迎他并鼓励他更前进。

上月底我写信给哥哥（这是他返校后我写给他的第一次信）说到青年学生时代最大的毛病是不好学，这点毛病西西已犯了，你和哥哥没有犯，这很好，我很放心。其次是不注意求学的方法。我已把我想到的较好的学习方法告诉你们，西西当作耳边风，没有理会它；哥哥没有和我研究学习方法问题，我说的方法是否可用，他无表示；你是没有完全照我说的试过，你告诉过我的。我希望你照我说的学习方法试两个星期看看！你们学校自然也要告诉你们一套学习方法，那是在校学生都适用的。我说的方法只在你安排一下时间或挤一点时间就可以做到，对学校规定的没有什么冲突，不是么？如听课时聚精会神地听讲，听完一课后，立即抓住机会将课文（如有的话）翻阅一下，对证教员讲的内容看有不懂的地方没有，这后面一点当然要挤你一点休息时间，但就学习说，总比一听下课铃就出课堂去玩，收效要大些。一个学期学多少东西是学校规定了的，学生根据自己的精力怎样学到手，其间是有一个方法问题。望你在学习实践中注意！

　　我在这里很好，吃得，睡得，看文件时多（比北京时少），出游一次，每日都在住所附近散步，作了几首诗，以后再抄给你。祝
你学习和生活都好！

　　　　　　　　　　　　　　　1961年九月五日　父　字

致董良翮[1]（1961年10月28日）

十月廿八日夜记良翮儿生日

（十一月十三日）

不愿多言扰尔私，此情应念我违离。

已过十五进十六，立志为人正是时。

---

1 董良翮，董必武的儿子。

董必武夫妇与三个子女在中南海（1962年）

十月廿八日夜记良翮儿生日
（十一月十三日）

不顾多言扰尔私

此情应会我违离

已逾十五进七又

褒其老爱人 正是时

董良羽、董良翚、董良翮兄妹三人在北京小石桥胡同（约在1954年）

董良羽、董良翚、董良翮兄妹三人在怀仁堂门前（1962年）

致子女（1963年1月28日）

字三子

冠礼废已久，字尔曰凭翔。

蓄势如鹰隼，奋飞健翼张。

字良羽

萃斌为尔字，望尔学兼资。

武能御外侮，斯文亦在兹。

字良犟

取劲宜为字，谓尔将成人。

如鹏飞有意，标指向天津。

字良翮

一九六三年一月二十八日　必武手书

宇三子

冠禮廢已久　字爾曰憑翔　蓄勢乃鷹隼奮

飛健翼張　字良羽

革斌為爾字　望爾學兼資　武能禦外侮　斯

文亦在茲　字良斌

取勁宣為字　謂爾將成人　如鵬飛有意　標

指向天津　字良翱

一九六三年一月二十八日必武手書

手迹原件

致董良羽[1]（1964年3月19日）

祝羽儿二十七初度

生日不相聚（羽儿在哈尔滨学习），家人总念之。

世情重骨肉，吾意别公私。

学得尖端到，何妨旦暮离。

一将分作二，此理切须知。

　　　　　　　　　　三月十九日　　羽儿生日为三月廿九日

1　董良羽，董必武的儿子。

祝羽儿二十七初度

生日不相聚 羽儿在哈尔滨学习 家人总念之。甚情重骨肉吾志

别公私。学浮先端别，何物旦暮难，一将众作二、

此理切须知。

三月廿九日羽儿生日居三月廿日

手迹原件

致董良羽（1964年10月29日）

年将八秩思蹲点，节近重阳欲看花。

已见东方红日出，未收西面碧云遮。

十五周年国庆节后偶成一首录付羽儿

必武甫稿　十月廿九日

年滪八袟恩蹲點節近重陽

欲看花已見东方红日出东收

西面碧雲遮

十五週年國慶節休偶成一首录付

羽儿

必武甫稿十月九日

手迹原件

致董良翮[1]（1965年3月10日）

　　　　　　　　　　　　　　　　许秘书、小梁、小王都好

翮儿：

　　你最近的信到时，妈妈和姐姐已到广州来了，你已经担任校团委的组织工作，这是工作队对你的信任。我们看到这消息，都很高兴。你刚入团就负起校团的重要责任，能担得起么？我没有作过团的工作，没有经验，讲不出多的道理。团的组织工作首先应把团章学好，并按照你学校实际情况在团员中把团章所要求的逐步实现。负组织工作责任的人，不仅要理解团章，还要明了组织中的成员，即全校团员。我看你理解团章不会遇见困难，即使有困难，可以请校团委校党委帮助解释。而明了校团员的情况，就只有你自己或共同做组织工作的人。对团员的了解要有登记，从登记中可以了解

1　董良翮，董必武的儿子。

团员的出身经历，家庭状况。对团员的思想状况就只有在开会或谈话、日常活动中才能了解。了解校团员的步骤，先从了解各班级团的领导入手，然后依靠他们，经过他们了解所有的团员，这对你说不是一种轻松的工作，在开始怕要费你很大的精力。这工作对你爱玩的人是不方便的。工作和学习也有一定的矛盾。工作和玩的矛盾必要时要牺牲玩，但如果以玩来接近群众，玩也就不会完全牺牲了。工作和学习的矛盾必要时也只能牺牲学习，这就要你自己会安排时间，抓紧学习的时间学习。我过去要你集精会神的听课，现在尤其有用了。你认为何如？

你要我以高标准为你题几句座右铭，一时想不出几句适当的话，我正在温习九评[1]，九评末章中有接班人的问题，那里提出接班人应具备的条件，五项共三百几十个字，另纸录下，作你座右铭不是比我写出来更好么！

你想做好团的工作首先要思想革命化，自己以身作则，学毛选，学雷锋，廿三条[2]你已学过了，我想其中廿一和廿二两条你应当不断的重习，可以写出来作座右铭，兴无灭资的思想，一分为二的思想方法应是你念念不忘的。

妈妈和姐姐身体还好，妈妈背上敷膏药烤红外线灯。姐姐找医生复查肯定不是肝炎，吃中药还顺。我饮食起居都很好。

1　九评：即"九评苏共中央公开信"。
2　廿三条：即《当前农村社会主义教育运动中的若干问题》。

到广州后把九评的中英俄文对照着读了一遍。俄文中我不认识的字能查出的都查出了。将来想寄给哥哥逼他也重温九评。最近做的几首诗也抄给你，祝你健康和进步！

父　字

一九六五年三月十日于广州

手迹原件

致董良翮（1966年3月10日）

翮儿：

　　你二月十六日信早收到了，你除准备考国际关系系外又想到军队中服务，妈妈把你的想头和几位总戎商量，他们中有人说在军中服务的文职，以医务人员最容易找得机会，那末，现在改学医好了，我们知道你没有志向为医，所以没有写信告诉你。国际关系系虽是新闻的一个系，还没有很好的教材，但有国家的对外方针政策，从许多涉外事实中去找，慢慢就可以理出一个大纲来。学习什么，学者本人的因素实居第一位。你准备应考这一系不变，这很好，也不要想将来在什么机关服务的事情，你考取后应想学点过硬的本领。好好学毛选使自己思想革命化，无论学什么都是为着革命。学着过硬本领，为革命服务就不至成为一句空话。

　　你为我八十生日献的礼，五张照片，一首诗，我和妈妈看了都高兴。诗的意思很好，措词差一点，仍是一首有趣味的诗。我关于生日的感想和这次生日的情况已于复哥哥、姐姐信中略

东　湖　客　舍
ГОСТИНИЦА ДУНХУ
TUNG HU GUEST HOUSE

翔儿：

你二月十八日信早收到了。你除准备考国际关系系外又想到军队中服务，我已把你的想头和几位老战友商量，他们中有人说在军中服务的文职、以医务人员最容易找得机会。那末，现在改学医好了。我们知道你没有志向为医所以没有写信告诉你。国际关系、还是新闻的一个系还没有很好的教材。但有国家的对外方针政策从许多对外事实中去我们就可以理出一个大纲来。学什么学给谁人的目的实居第一位。你准备考这一系不变还很好也不要预揣将来在什么机关服务的事情。你考取后尽想学点过硬的本领好好学毛选使自己思想革命化无论学什么都是为着革命学着过硬的为革命服务就不至成为一句空话。

你为我八十生日做的礼品特别好，一首诗，我和妈妈看了都高兴，诗的意思很好，措词差一点，仍是一首有趣味的诗，我关于生日的感想和这次生日的情况已于寄妈妈信中讲过读了不再叙。

你的牙痛已割治，眼的肝脏大，你们都应注意卫生和诊治。

我眼底割治很快就好了，三叉神经基本上已控制住不能作怪了。这次由广州一南宁一武汉，三四天的行程都很好，眠食如常，妈妈左臂痛要长期针灸可坐牧眼的白血球是眼药和服药可能使之不发展。我们在武汉空多住几天，回京大约在下月初返。顺祝
近好！
写中诸同志代我问候。
　　　　　　　　　　　　　　父字三月廿日晚十一时

手迹原件

董必武夫妇与三个子女在钓鱼台（约在1964年）

略谈了，不再赘。

　　你的牙痛已割治，妈妈的肝略大，你们都应注（意）卫生和诊治。

　　我眼皮割治很快就好了，三岔（叉）神经基本上已控制住，不能作怪了。这次由广州——南宁——武汉，三四天的行程，都很好。眠食如常。妈妈右臂痛，要长期针灸，可望好。眼的白内障，点眼药和服药可能使之不发展。我们在武汉要多住几天，回京大约在下月初。顺问

近好！

　　寓中诸同志代我问候。

　　　　　　　　　　　　　　父　字　三月十日晚十一时

致顿云润（1971年12月14日）

芸儿[1]：

前接你和翾儿的信，想和你们谈谈你们提到的工作和学习问题，无人代草，只好等我们慢慢来写。现在谈几点简单的意见：

（一）你入党的问题，就来信看，好像已解决了，你已成为党员了。这很好。你应当仔细想想党员和非党员有什么不同。我们想，党员对革命要自觉地负责任，要关心全社的革命问题，要关心全县、全区、全省、全国的革命问题，还要关心全世界的革命问题。要自觉地遵守党的纪律。要自觉地学习马列主义，毛泽东思想，改造自己的世界观。

（二）你们俩都提到周头公社搞机械化的问题。社里想搞橡胶厂，但没有原料来源，要我们打听广东省橡胶厂的情形。广

1　芸儿、芸芸：即顿云润，董良翾的爱人，董绍新的母亲。

东省有些地方搞橡胶副业，都是在海南岛橡胶厂弄出来的废料。海南橡胶厂是否还有多的废料？我们还没有打听出来。社里搞厂，把原料来源放在不巩固的基础上是很危险的。你们信中提到"以副养机，以机养农"的话，我们想这两句话很好，特别是"以副养机"，你们应多想了。从你们社里实际条件出发能搞什么副业，就搞什么副业。我们对你们社的自然条件和人力了解的不深，不细，不好妄提意见。养猪、养茧（蓖麻叶）是否可能这要你们调查研究。

（三）翩儿为霍家大队今生［年］粮食减产咎心，是应该的，仅仅咎心还不够，还应当研究一下，分析减产的情形及其原因，想法克服，这样就有可能把不利的情形变为有利了。翩只提了减产的总数，是否几个队都同样的减产呢？是否有不减产的呢？是否有几块地增产的呢？是否减产量有多有少呢？受自然灾害各队大体相同，受灾的结果不尽相同。这原因就落到人事管理措施方面。如选种、施肥、耘草、间苗、补苗等等，田间管理也有关系，当家人的指导更有关系。从这些细节中找出减产的原因，设法补救，对以后遇灾就可能防救了。提出这些，请翩考虑！

（四）翩当大队第一把手，责任更重了。不脱离生产劳动，这最（重）要。他自己已说了。我们想到的，他做领导工作，一要团结干部：支部委员、大队革委、生产委员、生产队的干部等等。二要团结群众。要善于经过干部团结群众。要注意思若儿：

　　前接你和朋儿的信，想和你们谈谈你们提出的工作和学习问题，苦人代会，只好等我们开会实现在谈几点简单的意见：

（一）你入党的问题就来信看好像已解决了你已成有党员了，还很好，你应当仔细想：党员和非党员有什么不同。我们想党员对革命要自觉地负责任要关心全社的革命问题要关心全县全区全国的革命问题还要关心全世界的革命问题要自觉地遵守党的纪律，要自觉地学习马列主义毛泽东思想改造自己的世界观。

（二）你们俩都提到用吳公社搞机械化的问题，至想搞橡胶厂，但没有原料来源要我们打听广东省橡胶厂的情形，广东省有些地方搞橡胶副业都是在海南岛橡胶厂里出来的废料，海南橡胶厂是否还有多的废料？我们还没有打听出来。社里搞厂把原料来源放在不巩固的基础上是很危险的。你们信中提到“副业机”机养农的话，我们想这两句话很好，特别是“副业机”你们应多想：从你们社里实际条件出发能搞什么副业就搞什么副业，我们对你们社的自然条件和人力了解得不深不细，不好妄提意见。养猪养菜（菜蘸）是否可能这要你们调查研究。

（三）翻儿为崔家大队今年生粮食减产操心，是应该的，焦

　　　　　　　　　　　　　　　　　　　　　第　　页

手迹原件1

总心还不够还应当研究一下分析减产的情况及其原因想法克服，这样就把不利的情况变有利。瞬只提了减产的总数，是否几个队都同样的减产呢？是否有不减产的呢？是否有几块比增产的呢？是否减产等有多有少呢。受自然灾害多致大作相同受灾的结果不太相同这原因就应到人事管理措施方面，及选择施肥插秧调苗补苗等、田间管理也有关系。当家人的指导又有关系。从这些细节中找出减产的原因设法补救对明年灾就可能防救了。提出这些，请瞬考虑！

(四)瞬当大队第一把手责任更重了。不脱离生产劳动这最重她自己已说了。我们想到的她做领导工作一要团结干部，支部委员生产委员，生产队的干部等、二要团结群众，要善于经过干部团结群众，是注意思想工作。读本中有毛主席谈领导工作部分要找出来读。

关于学习问题，还有很多话想说，以后再读。现带来红旗13期一本，我们称大小胖孙昂小胜共五张，你收到后复我们一信，我们的生活学习情况前复东单信中已说了，你可看那信。不赘述。

这里的谭秉模王霆诸同志都好。杨松顺同志小李们孩都好。

爸爸妈妈字1971十一月十日

手迹原件2

想工作。语录中有毛主席谈领导工作部分，要找出来学学。

关于学习问题，还有很多话想说，以后再谈。现带来红旗13期一本，我们和大小胖摄影，小胖摄影共五张。你收到后复我们一信。我们生活学习情形，前复良羍信中已谈了，你可看那信，不赘述。

这里的谭、曹、杨、王、蓝诸同志都好，杨松顺同志，小李阿姨都好[1]。

爸爸妈妈　字　1971　十二月十四日

1　以上均为董老身边工作人员。

董必武与孙儿董绍新（约在1971年）

致董良翮[1]（1972年3月31日）

绍新孙两岁生日，时在广州　　一九七二年三月卅一日

绍新小孙子，随予来广州。

今春两周岁，记得父母不？

孙子咿呀语，答问清音吐。

问良翮为谁？答曰墩的父。

问芸芸是谁？答曰墩的母。

屡试不一爽，喜见天性厚。

父母在晋县，农事忙田亩。

望尔速长大，协作左右手。

吾意亦云然，世为农人好。

孙身颇茁壮，无逸符大造。

1　董良翮，董必武的儿子。

绍新孙两岁生日时在广州，一九七二年三月卅一日

绍新小孙子，随予来广州。今春两周岁，

记得父母不，孙学咿呀语，答问清音吐问良

翻为谁？答曰墩的父问苦，是谁。答曰墩的母。

屡试不一爽，喜见天性厚，父母在晋县农事

忙田亩，望尔速长大，协作左右手。吾意亦云

丕，世为农人好，孙身颇茁壮，无逸符

大选。

手迹原件

第三辑
致同辈信

董必武在工作之余作诗

致董贤珏（1942年9月17日）

喜得觉弟[1]书及七律一首依韵答之

一九四二年九月十七日

乱离人似九秋蓬，一纸飘然寄自东。

且喜亲朋多甚健，惟闻吾弟尚微聋。

坚持敌后斯为贵，教育青年更是功。

我岂为名频浪迹，故乡回首月明中。

---

1 觉弟，即董贤珏，董必武胞弟。早年曾参加革命，后返回家乡，任教于中学。1946年
  病故。

致董贤珏等（1943年12月14—15日）

得诸弟侄讯以诗答之

一九四三年十二月十四日—十五日

寄觉生[1]弟

乱离人易老，况复病相撄。

地僻无医药，身劳要卫营。

还元由自力，战胜始更生。

负荷如嫌重，何妨略减轻？

寄献之[2]弟

故山归去后，感想尔何如？

可扫先人墓，能居敝室庐？

世风都改变，妄念要捐除。

1　觉生，即董贤珏，董必武胞弟。

2　献之，即董献之，董必武堂弟。

已近知非日，惟诚乃复初。

寄良焱[1]侄

五载音书绝，难忘陷虏危。

白云时在望[2]，黄鹤久相离。

喜汝依吾季，成人慰母嫠。

驱倭同努力，何患会无期？

寄润侄[3]

距尔四千里，辞乡又五年。

邑城豺虎窟，山谷鼓鼙填。

受教非庠序，居危仍管弦[4]。

莫悲离乱苦，磨炼益精坚！

---

1 良焱，即董良焱，董必武的堂侄。

2 武昌山后，有寺名白云深处。清末为外人购去，拆毁之，其地改建洋楼矣。——原注

3 润侄：董良润，董必武侄女。

4 仍字读仄声，郭沫若先生曾用过云陆德明释庄子时曾如此音释。照普通字书和韵书上仍
  只有平声无仄声，白香山曾将普通只有平声之字仄读或仄声之字平读。如司马读司马，
  十读时等。见洪迈著之《容斋随笔》一集，则平仄之限制，唐人已破之矣。——原注

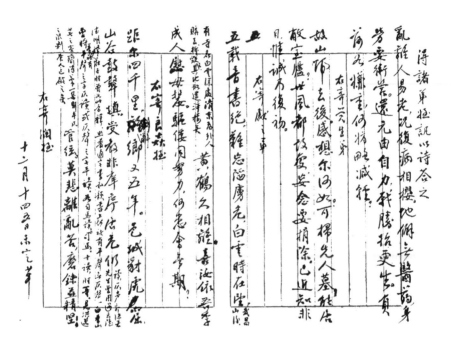

手迹复印件

致董贤珏（1944年3月17日）

觉生弟于夏历癸未除夕[1]甲申元旦吟七绝七首，

多念我者，书此答之

一九四四年三月十七日夜

除夕与元旦，得闲自咏诗。

诗句多念我，情深意含悲。

悲我远行客，聚首总无期。

岁时逢伏腊[2]，客中何所为？

自我来陪都，六年只暂违。

忝列参政员，何曾窥幄帷。

书披马列籍，夜读苏陆诗。

亲故多疏隔，政友尚追随。

俸钱过十倍，物价腾不疲。

---

1 癸未除夕，即1944年1月24日，次日即甲申元旦。

2 伏腊，古代以夏天的伏日、冬天的腊日为节日，合成"伏腊"。

米珠薪若桂，难以疗人饥。

瞻望齐燕赵，数十万健儿。

日与敌肉薄[1]，频年绝饷遗。

而我居后方，廪禄似徒糜。

报国怀虚愿，对镜辄自嗤。

颇欲赴沙场，马革可裹尸。

不然西北去，建设亦其宜。

参与变工队，劳作甘如饴。

室庐付尘劫[2]，赖尔支门楣。

尔妻作内助，尔子女娱嬉。

设帐授生徒，自效意在斯。

身婴[3]气喘疾，不药要寻医。

养生能却病，精心好护持。

我本流浪人，心广体无亏。

久不记夏历，度岁如平时。

感尔苦相忆，思逐江流驰。

桃汛春将暮，杨柳又依依。

1　肉薄，即肉搏。

2　室庐句，1927年大革命失败后，董必武被反动派下令通缉，出走日本。黄安家中房屋先被查封，后被拆毁。家人被迫离乡外逃。

3　婴，通撄。

致董贤琨之妻孙氏（1949年4月12日）

大嫂[1]：

　　接到元月廿五日信敬悉！离家二十多年，很少问候你，我知道这二十多年事变很多。家里房子早被蒋介石匪军拆毁了，弄得你们大家都无安身之所，以后日寇轰炸，又把整个城市毁了。我十一年前走县城内经过了一次，前□年到汉口，都不敢找你们，又怕连累你们。现在革命胜利了，我又在北京做事，一时恐怕不会回湖北来。等些时找个机会回来看看。前妻黄氏灵柩既在碌□岸落葬，那里也是我姓祖坟山，目前不必搬动，你的意思很可感谢！良鑫[2]脾脏扩出，已开刀割下来了。身体尚未复原，正在休养。我因脚上淋巴腺发炎，不能行走，也在医院住了两星期。现刚出院，还要休养些时才能作事。我的大儿良羽患疝气，也在医院开刀割治，现在好了。我们一家三口人

1　大嫂，即董贤琨之妻孙氏。
2　良鑫，应为董良新，董必武的堂侄。

手迹复印件1

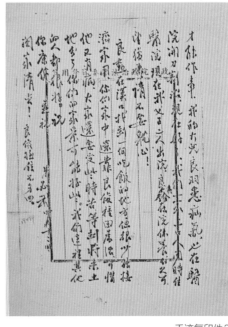

手迹复印件2

同时住医院，现在我父子二人出院，良鑫在院休养，不久可望复原，请不要耽心！

良勋[1]在汉口找到一个吃饭的地方，但很少能接济家用，你们家中还靠良俊[2]种田为活，可惜他又有病。大家还要受些时苦，等到将来土地多了，你们的家景可能好些。我们这里其他的人都很好。祝

你健康　并祝

阖家清吉！

良俊侄信不另回

弟　必武

四月十二日（1949年）

1　良勋，即董良勋，董必武的堂侄。董老在书信中有时也写作"良埙"，此类情况均根据原迹保留，后同。

2　良俊，即董良俊，董必武的堂侄。

致戴吉成[1]（约1949年7月15日）

吉成姻兄大鉴：

　　惠书奉悉，一别十有余年，不相闻问，想念之切，彼此同之。世变相仍，吾辈于今日能安然道故，即属幸事。瑞存[1]弟于年前谢世，为之泣然，遗下寡妻弱子，生活殊为可虑，但目前颇难为助，当徐图之。

　　兄本生意中能手，竟亦坎坷，若此现社会制度之必须改革，益证明其不误矣。棉花生意在荆沙

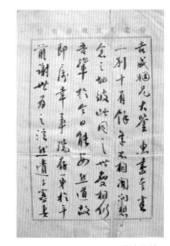

手迹原件1

1　戴吉成：红安县高桥镇庙咀湾人。读过私塾，在麻城宋埠布匹店（黄俊贞父亲家开的店）当过管家。戴的夫人和董老第一任夫人黄俊贞是亲姐妹，因此与董老是姻兄关系。

2　瑞存：即黄瑞存，黄俊贞胞弟。

董必武留影（1949年10月）

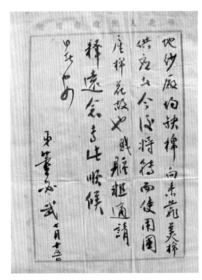

手迹原件3

手迹原件2

解放后当趋活跃，各地纱厂均缺棉，向来靠美棉供应者今后将转而使用国产棉花，故也。贱躯粗通，请释远念。

　　专此　顺候

暑安

　　　　　　　　　　　　　　弟　董必武

　　　　　　　　　　　　　　七月十五日

致董献之¹（1950年5月8日）

献之弟：

　　潘主任²带来的信已收到，我因在颐和园养病没有会见他。我的脚疾经诊断确实名为痛风，这是从欧洲文字译音得出来的名称。治这种病西医有专药，我服那种药已好转了，但无法根治，中国式的扎针和按摩也有微缓的效果，卫生机关派了一位医生在我这里施这种手术。我在平地能走几步，不能太远，坐久了脚下垂就增加肿痛，再调养几天我将销假。我身上旁的部分无病，吃饭睡觉都照常，请不要为我担心！

　　良焱³出院和我住在一处休养，身体已大好了。

　　你在商业厅工作也参加生产，这对于你是很好的锻炼。每日还应当挤出一点时间来看革命的书籍，开始看些入门的小册

1　董献之，董必武的堂弟。当时在湖北省供销合作社工作。

2　潘主任，可能指潘梓年。他当时任中南军政委员会委员兼文化教育委员会副主任。

3　良焱，即董良焱，董必武的堂侄。

董必武在颐和园（20世纪50年代初）

子，慢慢再看专门的。你不要以为革命书籍的字你都认识，就以为容易看懂，或是以革命书籍文义浅显就不去仔细思索它所说明的问题。这样你就难以进步。要看什么书才适当，你可以去请教位三¹同志。你又参加到革命队伍里来了，要好好学习革命的思想和作风，简单一句话就是学习脚踏实地的工作和老老实实为人民服务的作风。

1　位三，即郑位三，当时是中共中央委员。

我和良焱的情形请告诉良埙[1]及关心我的朋友。此问

近好！

　　　　　　　　　　　　　　　　　　　　　必武

　　　　　　　　　　　　　　　　　　　　五月八日

手迹原件1

1　良埙，即董良埙，董必武的堂侄。

你在商業廳工作已參加生產，這對於你是很
好的鍛鍊，每日還應當擠出一點時間來看革命
的書籍，開始看些入門的小冊子，慢慢再看專門的，你不
要以為革命書籍的字你都認識就以為容易看
懂，或是以革命書籍文義淺顯就不去仔細思索
這樣你就難以進步，要看什麼書才通常你可以請
儀三同志，你又參加了革命隊裏來了，要好好學習
革命的思想和作風，簡單一句話就是學習腳踏實
地的工作和老老實實為人民服務的作風。
我和昆妹的情形請告訴良穗及同心我的朋友，此問
近好！

忠武五月八日

手迹原件2

致董贤煦[1]（1951年2月13日）

贤煦弟：

　　元月十三日信早收到，谢谢你的惦念！暎弟[2]亦时有信来。我病已愈，医嘱暂勿工作，休养些时俟体气恢复原状再开始工作，故我仍在休养中。弟努力生产、帮助政府收粮均获成绩，得到奖励，很好。农村在土改后需要建设的工作很多，乡村人民代表会议要开好，要组织乡村人民政府。政府要领导和组织农业和农副业的生产，要蓄水积肥，要耘草除虫，要植树蓄林，要组织好合作社，要组织民兵自卫，要防止坏人造谣生事，要领导人民交公粮，要组织乡村小学，要组织干部学习文化，要帮助成人教育和识字运动；农村妇女运动，乡村政府也要帮助；至于农村卫生问题，需要政府努力的地方更多。革命的目的是求得人民的解放，特别是工人农民劳动大众的解放。假使我上

1　董贤煦，董必武的远房堂弟。
2　暎弟，即董贤暎，董必武的远房堂弟。

面写的许多事情在农村办得不好，革命的果实农民就不完全享受得到。你现在农村居住，你能识字，容易知道上级政府领导人民做什么，好好地帮助当地人民完成上级所号召的任务。农村有劳动模范，弟努力生产，帮助政府完成各项工作，可能争取作一个模范，不要抛弃工作已有根基的地方。目前来北京毫没有必要。我今年虽满六十五岁，还能为人民服务作些事。你努力生产，一方面为你一家的生活好，也为国家增产、纳税以报效国家，帮助政府推行政令，当地人民知道你信服你，政府也信用你，到任何地方作事都一样。专此，即问

近好！

必武

二月十三日

致董献之¹（1952年6月21日）

献之弟：

    你五月九日和六日〔月〕十六日两信都收到了。你去年年终鉴定，优点多于缺点，这很好，继续发扬你的优点，努力改正你的缺点，你就更加进步了。此次学习运动²很普遍，包（括）政府机关、群众团体和政党都在进行，参加学习的人最要紧的就是老实，老老实实地把自己过去的历史交代清楚。你要我对你提意见，我也只有老实二字相劝。你过去想了些什么，做了些什么，是否违背人民的利益，毫不掩饰地和毫不夸张地向领导机关说出来，领导机关会帮助你。你不要有所顾忌，坦白地说出来，错误了的好改正，犯了罪的小者不究大者从轻。自己说出来比别人供出来要好些，早说出来比迟说出来也要好

1　董献之，董必武的堂弟。当时在湖北省供销合作社工作。

2　指1952年"三反运动"后期中共中央部署的发动党内外干部普遍交代经济关系和社会关系的学习运动。

些。在广大群众光照之下，想隐瞒什么，是很困难的。

和良润[1]一道照的像片我叫何连芝[2]同志清一张寄给你！

合作社是直接服务于人民的群众组织，这个工作不仅对你说来是新的，对我们全体说来也是新的。因此，你应当努力耐心学习，掌握政策，练习业务，都很要紧。听说你身体不很好，保养也应注意！专此，即问

近好！

弟妇已来汉口甚好，并问候！

必武

六月廿一日

1　良润，即董良润，董必武的侄女。

2　何连芝，董必武的夫人。

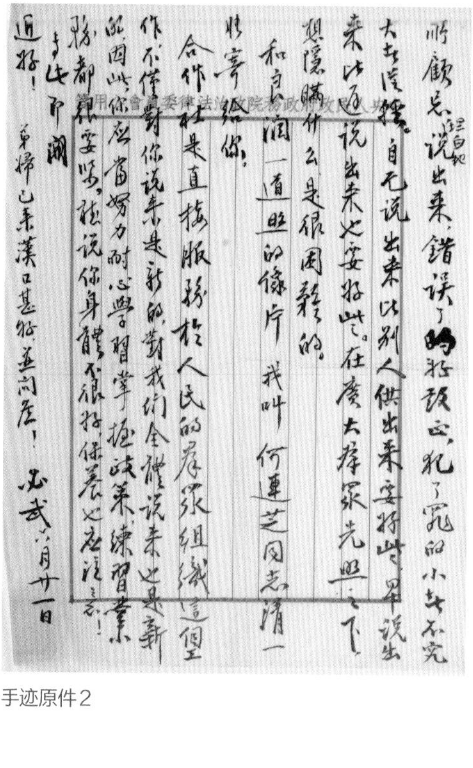

手迹原件2

手迹原件1

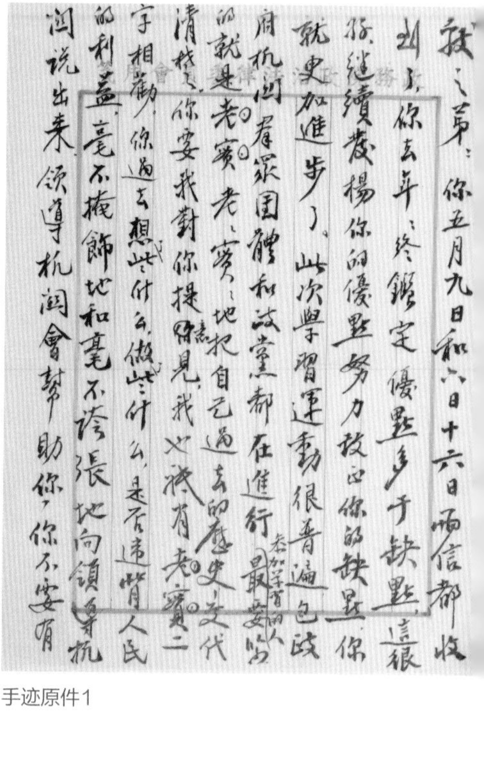

致董献之（1952年12月7日）

献之弟：

　　本月一日信和前次信都收到了。你们所希望我解决的问题，我已托位三[1]同志代办，所以没有复信。你有机会学习，就好好学习一下。学习完结后，做工作要方便些。良埙[2]良焱[3]都病，以在县内工作为宜。良焱病症据他写来的情形，我找医生判断似是胃溃疡。军委卫生部

手迹原件

1　位三，即郑位三。

2　良埙，即董良埙，董必武的堂侄。

3　良焱，即董良焱，董必武的堂侄。

贺部长写信介绍良焱去四野卫生部，找孙部长胡政委等为他医治。我已把贺部长的介绍信寄给良焱去了。你打听一下四野卫生部设在武汉什么地点，告诉良焱，以便他到汉口好找。我即赴沪宁短期工作，不久回京。专此即问

近好！

必武

十二月七日

致董献之等（1953年7月29日）

献之弟并转良新[1]、良□侄：

良焱[2]暂柩在京西郊万安公墓，做好墓穴即可下葬。你们要安慰良焱的母亲，特别是良新要去信安慰母亲，使她宽怀一点。第一件要安置的事是良新的工作，我已向位老[3]提议和主管机关商量派在黄安或武汉附近，这样他好照顾着母亲。你们有什么更好的意见，也可以提出和位老商量，我拟将准备给良焱还乡的川资廿万元[4]和他自己遗留下来的三万八千四百元一并托人带汉交给你们转去，暂济良新家中之急。

此问近好！

挽良焱两联语另抄一阅

必武　七月廿九日

1　良新，即董良新，董必武的堂侄。

2　良焱，即董良焱，董必武的堂侄。

3　位老，即郑位三。

4　这里指当时流通的人民币。中国人民银行自1955年3月1日起发行新的人民币，代替原来流通的旧人民币。按规定人民币新币一元等于旧币一万元。

挽良焱侄两联

入世廿九年穷极多愁从来未感生人乐

离家三千里病深莫治后此重添汝母悲

其二

甚望得大年好为人民多服务

不幸竟短命偏令亲友倍伤怀

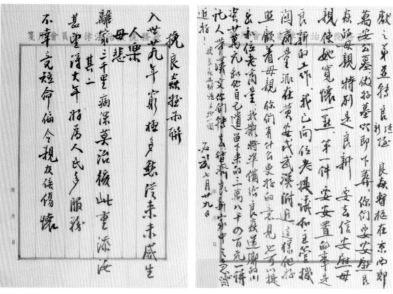

手迹原件2　　　　　　手迹原件1

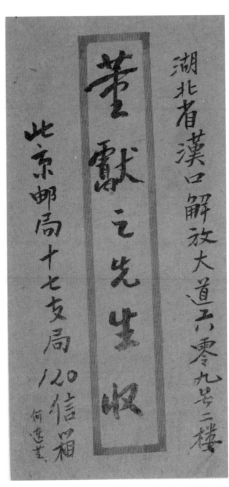

湖北省漢口解放大道六零九号二樓

董獻之先生收

此京邮局十七支局120信箱

何遠芸

信封原件

致董献之（约1954年2月16日）

献之弟：

　　二月九日信收到。弟媳病故，在京家人都甚惋惜！其生前医药，死后安埋等费开支数目，接你函告，同时还接到湖北省委统战部沈德纯同志信，也说湖北省府参事室发给恤金七十万元，湖北统战部送了壹佰五十万元给你。你在各处挪借的小款（连你婿垫款在内）想必都可清还。沈同志信说此壹佰五十万元由鄂统战部报销，不需要我偿付。我因前有两函致程副主席说省府垫款，由我偿还。我用的钱都是公家给的，不应几处开支。所以我复沈同志信并将此壹佰五十万元汇还他们去了。省府参事室之七十万元，既系照规定办理，你可自去致谢。

　　弟媳身后，你已照她的遗嘱办了，这就很好，你不要过于伤悼，以保重身体为要！

　　弟媳是农村中淳良的人，对你过去谅有不少有益的劝告，你在痛定思痛之余，不仅以执行她临终的遗嘱为满足，并应把

她平素对你的诤言回忆一番，使自己今后有限精力，能为人民真正作点儿事，庶不辜负她一生的希望！此复。即问

健康！

　　良泽[1]因病回寓休养已好，今日回学校去了，良浩[2]良羽[3]等春假后都回到他们的学校去上课了，其余的人都好，勿念！

　　　　　　　　　　　　　　　　　二月十六日　必武

手迹原件

1　良泽，即董良泽，董必武的侄女。
2　良浩，即董良浩，董必武的侄子。
3　良羽，即董良羽，董必武的儿子。

致董贤煦[1]（1954年10月24日）

贤煦弟：

　　十月二日和十四日的信都收到了。你身体多病，要长期休养才能恢复健康。医生这样诊断，只好尽你自己和你家庭的力量照着去办。

　　今年我们国家遭受水灾的地方较多，有些地方灾情较重。各遭灾地方的人们都各有困难，政府拨不少粮款物资救济，但受灾的地面大，人口多，每一灾民得自政府的救济毕竟有限，主要是靠灾民自己和本地人民共同努力生产，渡过灾荒。这点对患病的灾民说，也有特殊的困难，这是可以理解的。参加了互助组，比个人单干好，改成合作社当然更好些，但不是参加了合作社就解决了个人的一切困难，特别在合作社组织初期是这样。人民银行的贷款主要是帮助生产，比如为了农业生产缺

1　董贤煦，董必武的远房堂弟。

乏种子、耕具等请求贷款，银行一定会考虑的，这样的事用不着我来介绍。至于要银行贷款作别作，我介绍也不生效。请你注意，现在国家是人民的国家，在国家机关工作的人，必须为人民服务，除了法律规定的职权外，任何人没有特权。在你的思想中对这点似乎还不很清楚。

我在国家机关中负一部分领导责任，我的生活还是供给制[1]。这就是说政府只能就一个高级干部生活所必需的予以供给，对同级干部给予同样的供给，也没有特殊的供给，为了救你之急，在我生活费里拨二十万元给你用。这点当然不能解决你当前的困难，但我又有什么更多的力量来帮助你呢？请还是在互助组内多想点办法吧！

良埙[2]在北京住了一年半，我没有介绍他去工作，北京各机关都要精简工作人员，也介绍不出去，我劝他回家去参加农村生产，他同意，在月初就回武汉去了。此复，并问

痊安！

必武

十月廿四日

崇阳县卫生院诊断证明书寄还，请查收！

1　供给制，是革命战争时期和建国初期，对党政工作人员和军队指挥员，按照大体平均的原则，直接供给最基本生活资料的一种分配制度。1955年，供给制改为工资制。
2　良埙，即董良埙，董必武的堂侄。

致董献之（1954年11月27日）

献之弟：

　　细婶[1]葬事因墓地要修，要用洋灰作成坑，据公墓经管人谈要些时才能干，干了才能落葬。坟的材料和形式都照良焱[2]的一样，可能略好一点。两坟邻近，便于祭扫。

　　良泽[3]把嗓子哭哑了，她和良灏[4]等都在我休养处住了一星期后回到学校去了。

　　我的病已退了，只是要禁风，不能多讲话。公家派一医生在休养处照料我，房间温度稍有变动，身上马上有反应。所以现在一切都听医生的调度。休养中眠食都如常，弟等不必挂虑！你的身体也要注意自己保养！专此即问

清吉！

1　细婶，即吴银桂，董贤珏之妻。
2　良焱，即董良焱，董必武的堂侄。
3　良泽，即董良泽，董必武的侄女。
4　良灏，即董良灏，董必武的侄子。

献之弟：　细嘱葬事园墓地要修要用洋灰

作战挖壕公墓连累人家此时才能乾乾才

能葬坟墓的材料和前式都一样可能所能

男壮一歇和坟邻道便於祭扫。

良泽抱嗓子哭啼了她和良灏等都在我休养处住

了一星期代回到学校去了。

我的病已退了以是要醉不能多讲话公家派一医生在

休养处眠料养房间温度稍有变动身上马上有反应

所以现在一切都靠医生的调度休养中眠食病多

幸弟等不必挂虑！你的身体也要注意自己休养！

为让爪期间（曹河吴填彌先生你遇着说谢谢他）

清吉！

一九四七年润字信给光北一面照表况处嫌昨佳光士
不武填
　　　　你的字信给

手迹原件

蒋公会员律会治动院发政府政民党央中

曹门吴慎斋先生你认识否，良埌[1]认识否。你们写信给他或叫良润[2]写信给她［他］，一面报告，一面托他照顾一下良士。

必武

十一月廿七日

1　良埌，即董良埌，董必武的堂侄。
2　良润，即董良润，董必武的侄女。

致戴吉成[1]（1958年3月21日）

吉成姻兄：

大函奉悉。

弟回红安两次，住的时间都很短促，故未便候，甚歉！

令正令爱[2]都有工作岗位，只要生活过得过去，今后生产发展，国民生活水平是会跟着逐步提高的。

弟因身体欠健，不常在京供职，出外休养时多，对现时我国建设社会主义亦少贡献也，思之赧然！专此 奉复。即候

春安！

　　　　　　　　　　　　　　　　弟　董必武　三月廿一日

1　戴吉成，董必武的姻兄。

2　令正：指戴吉成的第二个夫人陈淑贞。时第一个黄夫人已去世。令爱：即戴启辉，戴吉成女儿。1934年9月生，武汉师范学院毕业，武汉市建筑工程学校老师，1995年去世。

吉武侄儿：

　大函奉悉。

　　×面红安两次，住处材满都很放经做未侯候，悬念！

　　令正令爱都有工作简任只要生活过何过去今后生座发展国民生活水平会跟着逐步提高的。

　　×因身体欠健，不宜在京供职，出外休养时多对现时我国建设社会主义亦少贡献也思之报益！于此牵爱介绍素尚：

　　　　　　　　　　董必武　三月廿一日

手迹原件

致董贤琨之妻孙氏（约1958年10月12日）

大嫂[1]：

您好！前写给良埙[2]良俊[3]两侄信中已问候您的健康，那信主要是谈关于绍□的问题。绍□这一向学习和生活都很正常，有改悔的表现。只要他自己觉悟，他将来可以成为社会上一个好人。

听说您的一家加入了人民公社，这是一件好事。农村的人民公社首先要办公共食堂，入了人民公社的人，必定在公共食堂吃饭。公共食堂节省了各家做饭的劳力，也可以节省一些粮食和柴火。在社的人吃的大锅饭，不会发生吃得饱不饱和好不好的问题。但也有不便的地方，对于老人，对于小孩，对于病人就应当有所照顾。开头办的时候，社员和负责的人都没有经

1　大嫂，即董贤琨之妻孙氏。
2　良埙，即董良埙，董必武的堂侄。
3　良俊，即董良俊，董必武的堂侄。

验。社员没有经验，可能有些不惯。负责的没有经验，可能有些照顾不到的地方，社是人民大家的，食堂也是人民大家的。有问题，有意见提出来大家商量，问题总是有法子解决。办人民公社和食堂是大家的事，不是良俊个人的事，您如果对公社和食堂不惯，因而生良俊的气，那就未免冤枉了他。他不加入，他就站到社会主义社会以外去了。这不仅对他不利，对他的妻室儿女也是不利的。他加入公社和食堂是做的一件好事，应当鼓励他，不应当责备他。他有病，忧不得气。您素来是爱他的疼他的，请在这个时候多原谅他一些吧！

　　　　　　　　　　　　　　　　弟　董必武

　　　　　　　　　　　　　　　　十月十二日

致董献之[1]（1959年5月11日）

献之弟：

两信都收阅了，你的风湿病关节炎在天气暖和和良医诊治后谅必好些。但你也是六十以上的人，仍应随时注意调护自己的生活。

我这次被选为中华人民共和国副主席，是全国人民把我推上国家最高的职位，享受最大的荣誉。这源于党的推荐，实出我的望外。我原只想在全国政协常委中担负一个名义，因体力和能力两差，不能负担国家领导机关实际工作的责任。现在国家机关实际工作可以不管，可是地位更高，责任也就较重了。好在副主席是辅助主席的，又有两个人，没有日常事务非料理不可，比任法院院长职要清闲许多。我更有机会出外到各省去。

今年身体比去年好一点，但很敏感，稍受凉咳嗽即增剧。

---

1 董献之，董必武堂弟。

连芝同志不久前病了一次，病治好了，身体还未复原。小孩在
上学，都好！

　　慕班[1]同志和小孩身体好，甚念！顺问

进［近］佳！

　　　　　　　　　　　　　　　必武　五月十一日

　　　　　　　　　李士琦先生贺诗收到后已另函致谢。

手迹原件

1　慕班，即吕慕班，董献之爱人。生于1913年，卒于2004年。解放后一直从事财务工作。

致董献之（1961年7月12日）

献之弟：

　　你今年二月廿七日信早收到了，当时原打算到武汉去住些时，可以见面谈，所以没回信，后来因事担搁，没去成，回信事也担搁了。

　　你回县去看一趟，很好。良勋[1]在月前有信来，说明良俊[2]家里的生产和生活情形还好，可以过得去，我看今年比去年好过些。麦收较好，夏旱不仅湖北，很有几个省有旱象。昨日又接良勋信说，我县于本月七日已普遍得雨，大小虽不一，红苕可以栽下。绍简[3]来过信，生活苦一点，比一般农民还是好些。

　　良浩[4]今年无暑假，平常假日不一定有暇出来，但来寓几次，生活学习都还好。良羽[5]因过去玩足球，脊椎骨有一节受损

1　良勋，即董良勋，董必武的堂侄。
2　良俊，即董良俊，董必武的堂侄。
3　绍简，即董绍简，董必武的堂侄孙。
4　良浩，即董良浩，董必武的侄子。
5　良羽，即董良羽，董必武的儿子。

献之弟：

你今年二月廿七日信早收到了，当时原打算到武汉去佳些时可以见面谈，所以没回信；后来因事担搁没去成，回信事也担搁了。

你回船去看一路，很好。良勋至月前有信来说明良后家里的生庭和生活情形还好，可以过得去。我看今年比去年将通些，麦收较好。夏旱不仅湖北很有几个省有旱象。昨日又接良勋信说我乡于本月七日已普遍得雨大小难不一。红苕可以栽下。综简来通信生活苦一些，比一般农民还是好些。

良浩今年考多级，平常级日不一定有晒出来但来写数次生活学习都还好。良羽因返去玩足球脊椎有一部受损害没有治疗，时脊脊痛，寒级回京检查，医生要他情级治疗，他学校也允许他病级，他就在京将皮至七月病已基本治好了，前几天已回校去上课了。良肇于二月间去西安电工学校，寒级可以还京。良翔在初中二年级上课次等。他们的身体都还好的。

我今年夏前重伤风比往年多些。夏天气候热对我身体说还有利。但连芝同志病状比我还要多些，但她总是耐着。我们不久要离京，将来有机会再告诉你。

格之的信连壳同志未发，请代致意！

你们趁机学些什么总是好的。眼前某些困难克而政前正在採取有效措施克服。相信不久就会成为过去的了。顺问

你阖家老小都好！

　　　　　　　　　　　必武 七月十二日

第　　页

手迹原件

害，没有治疗，时时背脊痛，寒假回京检查，医生要他请假治疗，他学校也允许他病假，他就在京烤电，至七月病已基本治好了，前几天已回校去上课了。良羿[1]于二月间去西安电工学校，暑假可以返京。良翮[2]在初中二年级上课如常。他们身体都算好的。

我今年夏前重伤风比往年多些，夏天气候热，对我身体说还有利。何连芝同志病状比我还要多些，但她总是耐着。我们不久要离京，将来有机会再告诉你。

婶婶的信连芝同志未另复，嘱代致意！

你们趁机学点什么总是好的。眼前某些困难，党和政府正在采取有效措施克服。相信不久就会成为过去的了。顺问你阖家大小都好！

必武　七月十二日

1　良羿，即董良羿，董必武的女儿。
2　良翮，即董良翮，董必武的儿子。

董必武在中南海家中（20世纪60年代末）

致董献之（1962年7月30日）

献之弟：

　　七月十五日来信收到。省参事室已通知你，把你由工作干部改任参事。前些时德纯同志已告诉我们，我们听了都很高兴！你今后可以不要每日上班，借此机会把身体养好！

　　你的房子听说太小，光线、空气都不足，故大家很关心。武汉天气已热到三十七度，房子问题的解决，要求得更迫切些。当然有客观的困难，如解决了，望即见告。北京最高温度三十三度，我们在避暑地带，又比北京凉快些。我们身体都很好，请勿念！

　　良浩[1]毕业后，就在原校工作，办公地点在北京郊区。现在听说又考了高一级的军事学院，功课还考的好，如身体没有问题，他就继续升学了。

1　良浩，即董良浩，董必武的侄子。

良羽[1]的学校，学年考试八月三日考完，四日以后就可回来。良翚[2]的学校，早已考完，现在学校参加劳动，八月初可以回家。良翮[3]因今春生病，住院治疗，耽搁功课太多，申请休学一年，秋季继续读初中三年级，现正在家温习功课。他们都很好，承关心，请释念！

　　此致

敬礼！并祝

你们全家安好！

　　　　　　　　　　　　　　　　　　　　必武

　　　　　　　　　　　　　　　　　　　　七月卅日

1　良羽，即董良羽，董必武的儿子。

2　良翚，即董良翚，董必武的女儿。

3　良翮，即董良翮，董必武的儿子。

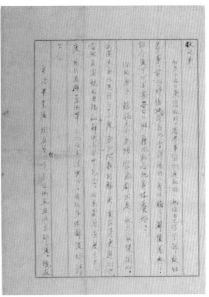

手迹原件2　　　　　　　　　　　　　　　　手迹原件1

致董献之（1965年1月17日）

献之弟：

　　四日信悉，去年关于俊千[1]逝世之信，因良翚[2]赴江陵工作过武汉时必与弟见面，当已谈及，故未作复。

　　三次人大开会我仍当选国家副主席，责任过重，恐非衰年所能胜任。既已选出，只有勉为其难而已。

　　北方久不下雪，春旱可虑。气温仍有很低的时候，非衰体所能耐。开年已伤风两次，幸医药及时，旋获治愈。春节将南移避寒。

　　连芝同志下乡蹲点和农民同劳动，发现腰脊骨脱臼，回京治疗，医嘱须躺四个月，现正在治疗中，有些好转。良羽[3]也下乡去参加四清，良翚在江陵搞四清，说有一年的耽搁。你的气

1　俊千，即李俊千，董必武的姐夫，红安城关李太村人。
2　良翚，即董良翚，董必武的女儿。
3　良羽，即董良羽，董必武的儿子。

管炎好些否？甚念！

七婶和小孩都好。

一月十七日　必武

连芝附笔问候

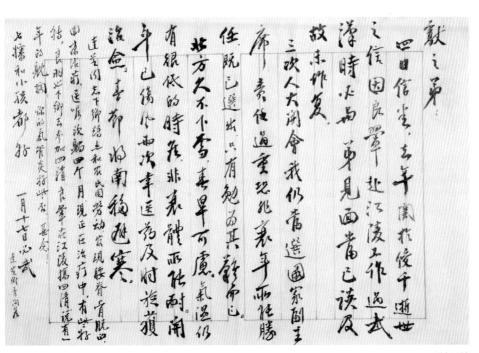

致戴吉成[1]（约1972年7月4日）

吉成姻兄：

　　拾月八日信到时，适值我在京外，五月卅日归来后，方才见到。

　　我的身体精神都还好，蒙你关怀，谢谢！

　　得悉你于今春罹病，医费不敷，随信寄上贰拾元，供治病之用。此款也不必归还了。

　　专此　顺致

夏安！

弟　董必武

七月四日

1　戴吉成，董必武的姻兄。

董必武夫妇与家人合影（20世纪70年代初）

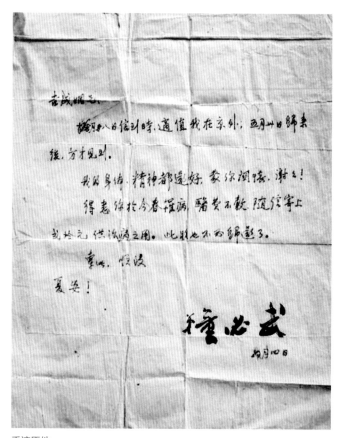

手迹原件

第四辑
致子侄辈信

董必武与家人在北京香山碧云寺（1950 年春）

致董良埙¹（1949年7月17日）

良埙侄：

　　来信阅悉！献之、良润、良焱²等都有信来。因事忙，前日才复了献之信，他去汉故寄至他的女婿王佑章家转交。良润信未复。昨日复了良焱一信，信中略谈了一点革命的道理，并要他看了后再给你也看看。家中诸人生活状况，他们信中都有叙述，大家都很艰难。为把生活艰难看成一个较普遍的现象，而不是我家独有或特有的现象，我们就用革命的方法来解决这类的问题。革命胜利以后不是别的，就是把帝国主义、封建主义、官僚资本主义的特权打倒，中国人民在发展生产的基础上（在帝国主义、封建主义、官僚资本主义特权统治下，生产是无法发展的），较易取得谋生的机会。良焱来信想到武汉行政界去工

1　董良埙，董必武的堂侄。
2　献之，即董献之，董必武的堂弟。
　　良润，即董良润，董必武的侄女。
　　良焱，即董良焱，董必武的堂侄。

作，我却劝他好好在乡村办小学，把小学办得适合于当地农民的需要，过去没有可能，现在大有可能。过去当小学教师只是为了饭碗或首先是为了饭碗，现在当小学教师首先是为人民服务，也因而解决着个人的生活问题。我们社会上有一种很陈腐的甚至很坏的旧观念就是鄙视劳动，认为不劳动而能生活、生活得比劳动者还好才算享福。革命了，必须纠正过来，我们应该以劳动生活为光荣，不劳动除了疾病老弱不胜者外，就不得食。现在还做不到，逐渐是要这样做的。从革命队伍里面来工作的一般还是供给制，做行政工作也是一样，做行政工作并不是作官。这些革命的观点要有较长期的熏陶才能培养出来。你看了这信也可以转给良焱看，两信互相补充，你们容易明了一点。

承你母亲、各婶母和你们弟兄的好意，希望我和妻、小孩们回家来看一下，短时期内怕没有这个可能，我负有地方政府工作责任[1]，交通又不便利。只好把我们的像片寄回来你们看一下吧！我去年病过几次，今年很好。你婶母生了三个小孩，产后没有休养，身体很差了。小孩们都好，大、二都在初小读书，小的在家中。

你母亲和各婶母都好！你们都好！良簏[2]很早有一信自信阳寄来，说他已失业，我复了一信，并说有人去找他，以后就无

1　董必武当时任华北人民政府主席。
2　良簏，即董良簏，董必武的堂侄。

消息了。你既失业，我写一信，你如果找得到川资，就到武汉去找一下李主席[1]，请他派个你能做的事，你必须注意那只能有饭吃。顺问

近好！

必武

七月十七日

手迹原件2

手迹原件1

1　李主席，指李先念。当时任湖北省人民政府主席。

还是供给制做行政工作也是一样，做行政工作还

不是作得好。这些华你的观点要有很长期的董

陶才能培养出来。你看了这信也可以拍给良玉林

看。而信北

承你母亲、多孀母和你们弟兄的好意，希望我和

妻小孩们回家来看一下。这时期内怕没有这个可能，

我负有地方政府工作责任，交通又不便利，以拍把我们的像

片寄回来你们看一下吧！我去年病过几次，今年很

快你婚母生了二个小孩。孩子还没有休养，身体很差，小孩们

都挺用。一部在机关读书，小的在家中。

你母现和妹母都好！你们都好。良骊很早有一信

你哥来说他已失业，我写了信你九哥我已到川潘，秋到武汉去找下

消息，你们股失业，我写了信，你九哥我已到川潘，秋到武汉去找下

毛主席请他派你做你能做的事，你演讲妹妹就有饭吃，就尚

　　　　　　　　　　　　　　　　　　　　　　　远玉！

　　　　　　　　　　　　　　　　　　　　　忠武七月二七日

手迹原件3

致董良埙（1949年9月13日）

良埙侄：

　　我在七月间用双挂号回复你五月间寄我之信，并夹有相片两张，竟未收到，查收据回单亦未转来，已嘱主管机关去调查去了。献之¹信我回给他女婿家转交，因他那时在汉口。良焱²信我也回了。良俊³信没有收到。在接你八月廿六日信前，接到黄成玉转来你八月十七日信一纸，知悉一切。我去年身体不很好，稍劳即发热，右臂患风湿症，运动不便，今年较好。你婶母因产后没有调养，经常患病。良羽是我们的大小孩，今年已满了十一岁，初小四年级。第二个小孩是女子名良翚，今年年底就满八岁了，初小二年级。第三个小孩男孩名良翮，快满四岁了，你婶母自己带着。我前次信想介绍你去武昌找李主席⁴，后来听

1　献之，即董献之，董必武的堂弟。
2　良焱，即董良焱，董必武的堂侄。
3　良俊，即董良俊，董必武的堂侄。
4　李主席，指李先念，当时任湖北省人民政府主席。

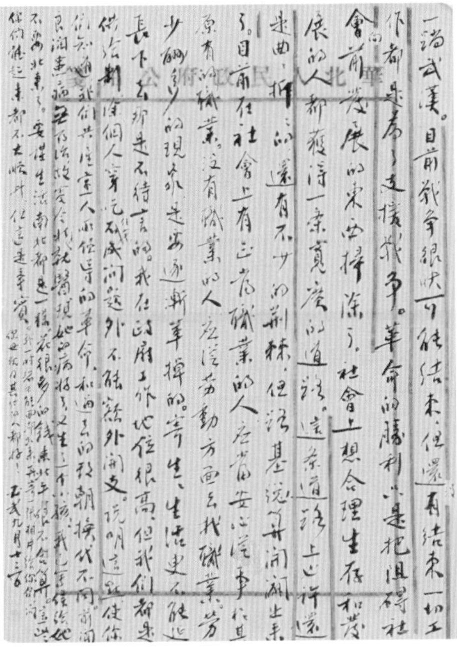

手迹原件2

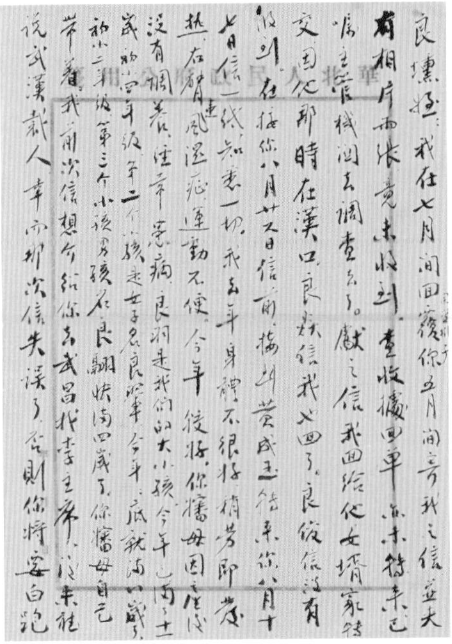

手迹原件1

说武汉裁人，幸而那次信失误了，否则你将要白跑一趟武汉。目前战争很快可能结束，但还没有结束，一切工作都是为了支援战争。革命的胜利只是把阻碍社会向前发展的东西扫除了，社会上想合理生存和发展的人都获得一条宽广的道路。这条道路上也许还是曲曲折折的，还有不少的荆棘，但路基总算开辟出来了。目前在社会上有正当职业的人，应当安心从事于其原有的职业。没有职业的人，应从劳动方面去找职业。劳少酬多的现象，是要逐渐革掉的。寄生生活更不能延长下去，那是不待言的。我在政府工作地位很高[1]，但我们都是供给制，除个人穿吃住宅不成问题外，不能额外开支。说明这点，使你们知道我们共产党人所领导的革命，和过去的改朝换代不同。前闻良润[2]患病无药治，故电令北来就医，现她的病好了，又生了一个小孩，我已写信给她不要北来了。要谋生活南北都是一样。花很多的钱来北平很不合算。这些你们听起来都不大顺耳，但这是事实。我一时恐不能回湖北来，再寄一张相片给你们。

问你母亲及其他的人都好！

必武　九月十三日

1　董必武当时任华北人民政府主席。

2　良润，即董良润，董必武的侄女。

致董良俊[1]（约1949年10月8日）

良俊侄：

　　你的信我收到了。良埙[2]、良焱[3]都患病，良焱病得很重，听之甚为忧虑，且亦徒徒忧虑而已，有什么办法呢？祝祷他们快好，身体好，找个小职业总有可能。我已托人带信给湖北的当局，请他们照顾一下，是否有效，自然还说不定。良簏[4]没有信给我。我这一晌很忙，华北政府的事快结束了，我将调换工作，目前还没有定。你的庄稼还好吗？问你母亲和你们都好！

1　董良俊，董必武的堂侄。
2　良埙，即董良埙，董必武的堂侄。
3　良焱，即董良焱，董必武的堂侄。
4　良簏，即董良簏，董必武的堂侄。

董必武留影（1949年2月）

东门外周胜塆王述周[1]有信来，我复他一纸烦转交他为盼！

必武　十月八日

手迹原件

1　王述周，董必武的远亲。

致董良俊（1949年11月7日）

良俊侄：

　　我信和良灏[1]信想必都收到了。夏旱后秋种的作物如红苕、莜麦、萝卜、白菜之类收到了一些么？今年大旱，你们母子都患病，我们很焦心，不能帮你的忙，度过今年的难关。兹特寄上人民币式拾万元给你母亲用，请转交为盼！

　　恒益细奶[2]听说生活很苦，去年我寄了卅万元给她，

手迹复印件

1　良灏，即董良灏，董必武的侄子。
2　恒益细奶，即吴银桂，董贤珏之妻，董良灏的母亲。

并请县人民政府给她按月救济，但县政府只给了她每月廿斤粮，这当然不够。我现又寄了廿万元给她，请贤荫叔[1]再向县政府请求能按月多给她一点就更好。

我前几天又感冒了，医生诊治好了些。其他的人现在都好。问你和你母亲及其他的人都好！

必武

十一月七日

1　贤荫，即董贤荫，董必武远房堂弟。

致董良埙[1]（1950年2月13日）

良埙侄：

　　你到武汉后寄我的信都收到了。所以没有复的原因，一来是忙，二来是不好复。不复你们对我还存在有若干希望，复了就要使你们对我绝望。我忙的情形你们是难以想像的。别人在星期六下午、星期日一般不办公，夜晚只有我们党内少数人办公，夜晚办公的，白天往往不办公。我呢，早晨总是七点多钟起床，晚上总是两点多钟才睡觉，无所谓星期六下午，无所谓星期日。随我工作的秘书和警卫人员都拖得很辛苦，案上私人来的信件，自南京转来[2]后，都少回答，你们的信，自然包括在这些没回答的里面。

　　现在你们既一定要我回答，我就回答你们吧！

1　董良埙，董必武的堂侄。
2　董必武作为政务院指导接收工作委员会华东区工作团团长，1949年12月在南京等地工作了半个多月，于26日动身回北京。

　　你和良新[1]原来在家中是失业的，要我介绍才找到一个工作岗位，是供给制，你们都不满意，你们说："个人吃苦不惜，只求得到点劳动的报酬品，去接济家中老小生活。"目前政府或其他机关工作人员绝大多数是供给制，只有个别机关有特殊的原因，或个别的人有专门的技能，才用薪水制。家中老小生活问题，老的、参加革命工作很久的人，都存在着这个问题。这个问题最近时期还不可能得到解决，也许还要一年二年或更长点的时间才能解决。我们这些人不着急么？着急同样不能解决。假如革命胜利推迟一年半载（这是可能的）家中的问题怎样呢？还不是没有解决。假若本人在革命运动中牺牲了（这样例子多得很），家中问题怎样呢？还不是没有解决。要解决家庭生活困难的问题，一般的只有靠发展生产，大家都要从事生产。革命胜利的结果，提供了广大人民参加生产的机会，老弱残废，鳏寡孤独，完全不能劳动的，那只好由政府和社会设法供养着，能半劳动的，也还要尽可能的从事生产。位三[2]同志介绍你们参加的是革命工作，你们想的是以劳动换得报酬品，以养家中老小，革命工作是为人民服务是不讲报酬的。你想以劳动换得报酬品，意思就是说你要出卖你的劳动力，那末，你们就到劳动市场去卖吧，你们的劳动力，不是什么特殊的熟练的劳动力，现时市场上没有人需要。你们怎么能怨位三同志言不顾行呢？

1　良新，即董良新，董必武的堂侄。

2　位三，即郑位三。当时是中共中央委员。

你们说位三同志知道你们家中的情形，意思是说他应当为你们找一个报酬好点的工作，我知道你们家中情形不是更清楚些吗？我能对你们帮助什么呢？我现在应当忙的，不是单想着我们自己家中怎样生活的问题，而是怎样组织全国工农军民人等生产的问题；是怎样解决几十万几百万灾民的生活问题；是怎样恢复上海被敌机轰炸毁坏了的生产机关的问题；是用什么方法去消灭舟山群岛、台湾及海南岛上敌人的问题。把一个个人家中生活问题和我上面所说的诸问题相比较，你们就知道家中生活问题是渺小不足道到如何程度了。你们祖父和父亲，他们一生都是为家中生活着急，家中生活并没有因之解决，到你们头上仍然是个严重问题。照你们的办法去解决，卖劳动力，换报酬品去养家，同样是解决不了的。你们说良心道德上过不去，解决这个问题不是靠良心道德解决得了的。你们良心道德上过不去，干着急，甚至急得要死，问题还是不能解决。中国像你们一样讲良心道德的人不是以百计，不是以千计，而是以万计亿计，也同样没有解决他们所担忧的家庭问题。这不是某个个人问题，这是一个社会问题。有人剥削人的社会经济制度存在，这个问题就不可能彻底解决，正因为如此，我们才搞革命，要革去社会上人剥削人的制度。只有社会上没有人剥削人的制度，大家努力生产，发展生产，那时人们才不致有家庭贫困的忧虑。这样的社会世界上目前还只有苏联，东欧新民主主义的国家很快地会跟上去，中国到那种境界是一定的，但要慢些。

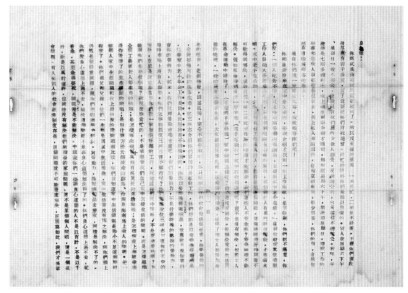

书信打印稿1

　　你们如不愿意作供给制的革命工作人员，你们可以请假不干。你们想找薪水制的工作，公家的薪水制是雇用有技能的人员，你们又没有什么技能。你们如仍想到市场上去出卖劳动力，取得报酬品，市场上是自由的，你们有出卖和不出卖的自由，雇用人的人也有买和不买的自由。你们在不久以前，曾经试过市场的火色。市场是什么情况，你们大概也总知道一些。革命工作人员是个光荣的称号，初参加进来的人不能马上取得这个称号，要干一个时期的工作才称得上。

　　我们华北解放区对于革命工作人员的家属并不是不理，土地分了，革命工作人员及其家属都分得了土地。革命工作人员

书信打印稿2

及其家属分得的土地，如家中没有劳动力，无人耕种，则乡村政府为他们组织代耕，家中生活有困难的，乡村政府尽可能为他们设法救助。这样办，个别革命家属讨饭吃还是有的，但没有听说革命家属饿死了的。我不知道湖北情形怎样，只知道那里还没分土地，今冬是要分的。对革命工作人员家属湖北若是有优待的办法，你们可以请求省政府告诉地方政府遵照章程照顾你们家中老小的生活，但这也要你们已取得革命工作人员的称号以后才能请求。这就是我指点你们的路。

　　你在榨油米厂[1]中既不安心，自然不能和厂内负责人生活很靠拢。你的看法，那里很少有前途的，我想厂内负责人总知你是位三同志介绍去的，你可以要求和他谈一次，把你观察所得，适当的告诉他，除告诉他外不要和任何人谈，这点最要紧。

　　良焱[2]的病不轻，四野[3]医院要送他到北京来医治，军委卫生部和我商量，我已同意。他病到那种程度，还写信来说家中生活不得了，借的债不能还，逼债受不了。应劝他不要想那些问题，那些问题不是他着急所能解决得了的，这在前面已说得不少了。这封信你可以给七叔和良新看，并摘要告诉良焱。

　　问你们都好！

必武
一九五〇年二月十三日夜两点半

1　指当时湖北省军区后勤部所属群勤油米厂。
2　良焱，即董良焱，董必武的堂侄。
3　四野，指中国人民解放军第四野战军。

致董良俊[1]（约1951年）

良俊侄：

　　去年十二月廿五日信收到了，你已添一男孩，是一件喜事，你母亲和你夫妇欢喜是不待言的。小孩出生了，乳足是顶好的事，但产妇和小孩都要好好地保养，这一点你母亲有经验，会告诉你们的。

　　小孩的乳名叫庆福，甚好。派名叫什么好呢？我不知道。你大哥和二哥的儿子叫什么派名，想不出头绪，只是不犯五代直系先人的名讳罢了。你们下一代的辈派是绍字，在绍字下我拟了十六个字，就是"工农勤俭，纲纪群伦，艺术精微，佐佑恒贞"。你大哥和二哥的儿子如取了派名，不必再改。如尚未取派名，可名绍工绍农，庆福就可以接着取名绍勤，以后你们兄

1　董良俊，董必武的堂侄。

弟再添小孩就可以接着下面的字用。你禀明你的母亲取得同意，再告诉你大哥二哥们知道。

············1

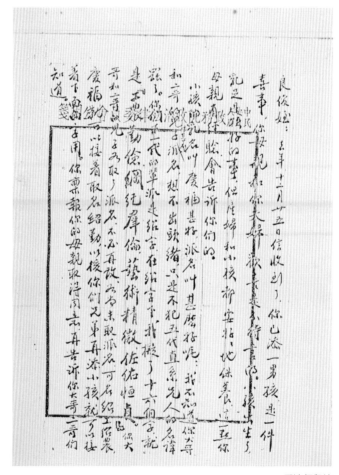

手迹复印件

致张培森[1]（1951年6月29日）

培森甥：

　　你的信收到了，你的生活情形前已有人告诉过我，你的生活很苦，但还可以勉强生活下去。解放后开始你可能感觉有些困难，逐渐将变得好些。我所说变得好些的意思是指你出力劳动将受人的尊重，你劳动的果实主要可供你自己享用。土改以后，你生产的条件将更好些。你哥哥[2]是一九二七年冬在武汉被难的。我可以证明，另外写一证明信，你可以交给县政府。我去年病了几个月，现在已好了。顺问

近好！

　　我另外写信给中共湖北省党委去证明。

董必武

一九五一年六月廿九日

1　张培森，董必武的外甥。

2　指张培鑫，1928年1月在汉口被捕遇害。

培森甥：

第　頁

你的信收到了。你的生活情形前已有人告诉过我。你的生活很苦，但还可以勉强生活下去。解放後淸算你可能感觉有些困难，逐渐将变得好些。我所说变得好些的意思是你出力劳动将受人的尊重。你劳动的果实，主要可供你自己享用。土改以後，你生产的条件将更好些。你哥，是一九二七年冬在武汉被难的，我可以证明，另外写一证明信，你可以交给铜政府。我去年病了几个月，现在已好，顺问近好！

我为外甥信给中共潜岩堂月　日　妻玄证明

董必武　一九五一年六月尧日

致董良俊[1]（约1951年8月26日）

良俊侄：

旧历七月初九日信收到了。你在二月廿二日写给我的信没有收到。可惜把你母亲的像片也失落了！我去年病后身体较差，休养了半年，过五一劳动节后我才开始作半天工作。今年夏季肠胃病时发，隔几天就肚泻，幸有药治，泻起来不算厉害，秋凉可能好些，请释念！

你的成分划定是中农，很好，很恰当。中农就是不剥削人和不被人剥削的农民，在分地的时（候）不会分进也不会分出田地。人民政府是要保护这种农民的。

你捐献抗美援朝飞机大炮的款子比富农还多，二千元，这可见你的爱国心很强。你能认识字，在农协中应和同组的农民订好爱国公约，商定增产计划，在增加生产中你和其他的农民

---

1 董良俊，董必武的堂侄。

董必武夫妇与侄孙女毛毛在北戴河（20世纪50年代）

都可能再多捐献一些。收获后要快些交公粮，公粮要晒干，扬净。农闲时要生产副业积肥料，挖塘泥，准备明春多蓄水防旱，田地要耕好，村子周围和荒山上要种树，要禁止任意砍伐。池塘里要养鱼，要禁止偷鱼，号召每人多种一兜瓜，一棵菜，每家多养一只母鸡。你家中先这样干，带动其他的农民也这样干。在农协中商量组织互助组的方式，大家同意后，就组织起来。还有合作社识字班，你都积极去参加，这样你有可能被选作模范。我希望你这样作。你现时不要来北京，我已函告贤荫[1]，专

1　贤荫，即董贤荫，董必武远房堂弟。

此即问近好！

　　并问　你母亲和其他的人都好！良篪[1]有个孩子在你们那里，谅必也好。

　　　　　　　　　必武　八月廿六日

手迹复印件2　　　　　　　手迹复印件1

1　良篪，即董良篪，董必武的堂侄。

致董良俊（1952年5月13日）

良俊侄：

　　你在旧历三月十八日给我和良灏[1]的信早收到了。我把你这封努力生产的信，要良泽[2]、良灏、良羽[3]和良羣[4]都看过，三婶母[5]也看了，他们都认为你对农业生产很认真，种麦种菜，养鸡养鸭，拾粪挖草，施肥播种都有成绩，都很称赞你。特别是你愿意自己劳动，辞谢人民政府对你家拨工优待，这是新的好的表现。人民革命的胜利，就是要使劳动人民不受剥削，能享受自己劳动的果实。土地改革使农民从地主的剥削制度下解放出来，不再出地租，而获得自由处理自己在分得的土地上劳动所得的果实。土地关系完全改变了，农民的生活，特别是无地少

1　良灏，即董良灏，董必武的侄子。
2　良泽，即董良泽，董必武的侄女。
3　良羽，即董良羽，董必武的儿子。
4　良羣，即董良羣，董必武的女儿。
5　三婶母，即何连芝，董必武的夫人。

手迹复印件2　　　　　手迹复印件1

地的农民生活可以改好些，但农民还不能完全免除剥削资本主义的剥削和脱离贫困。农民要想完全免除剥削和脱离贫困，只有和工人一道奋斗，建立社会主义制度后才有可能。世界上有苏联的农民在三十几年前已建立起这样的生活，第二次世界大战后，东欧许多国家的农民建立着这样的生活，我国的农民也将要建立这样的生活。我们工人农民在新民主主义制度下劳动得愈好，过渡到社会主义就愈顺利。在人民革命胜利开始，有些人还想不劳而食，甚至不劳（动）的人想比劳动的人享受得更好些，这是大错而特错的想法。劳动是光荣的，劳动人民享受自己劳动的果实是应当的。我们大家称赞你愿意自己劳动，不受别人

手迹复印件4　　　　　　　　　　　手迹复印件3

的帮工就是这个意思。虽然你家收获的粮食还不够你一家人吃，生活还苦一点，但你只要努力增产，你家大大小小男男女女都努生〔力〕增产，生活可能逐渐改好的。

照你信中所说的情形看，你今年是单干，顶好做到单位面积增产即每块田地生产的东西比前多收得一些，这比以前好些。但要更好些，就必须和愿意劳动的人组织起来成为农业劳动互助组。前要良灝寄给你看的一本小册子（李顺达[1]），李顺达成为劳动模范，不仅是他个人单干得好，而且是组织互助组，

1　李顺达，著名的全国农业劳动模范。1943年春，他在山西省平顺县西沟村带头办起互助组，任组长。1951年在西沟互助组的基础上成立初级合作社，任社长。

董必武与子侄在济南留影（1953年7月）

引导其他的农民也干得好。《人民周报》上载有川底村农业生产合作社的调查，这篇文章很长，里面有合作社社员与互助组员和单干户收入的比较，互助组的组员收入比单干户的收入多些，合作社社员的收入又比互助组员的收入多些。这事例指明农民的出路只有组织农业生产合作社。我这里不是要你马上去组织农业生产合作社，而只是介绍和说明中国现在农村中生产组织有这种形式，这种形式又比互助组进了一步而已。你自己考虑一下，在你村子里的或附近村子里的农民有否组织劳动互助组的可能，如果彼此都愿意，彼此家里的人都愿意，你们在乡人民政府领导下，可以试一下劳动互助组的组织，彼此不愿意，彼此家里有人不愿意，千万不要勉强干。

我在报上看了几件事，对于你们住在农村劳动的人我觉得很有教育意义，我留下来寄给你们看。有两个是农村小学的模范教师，有一位是从抗美援朝前线负伤回家耕田又成为农村的劳动模范。你们看了后可转给周胜塆王述周[1]看看。王述周是一个想不劳动或少劳动而享受较好的人，使他看看这些不怕辛苦创造自己新生活的事例，对他可能有点帮助。我已开始恢复部分工作，但你婶母还在医院治病。其余的人都好。

你母亲好！

你家中人都好！

必武　五月十三日

1　王述周，董必武的远亲。

致董良新[1]（1952年5月28日）

良新侄：

五月十三日信收到了。你想来京看看我们，这意思是可感的，但你已有一定的工作岗位，三反运动[2]后业务工作必定很紧张，我们伯侄单纯为一次见面而担搁工作是不好的，还是把这个念头扔掉，好好作革命工作吧！你"能将个人利益服从革命利益，有勇气争取做一个光荣的共产党员"，这几句话很好，就照着这样干吧！党在考验你言行一致后，一定会吸收你成为党员的。你在三反运动中党已看出你的积极性提拔你做了一些负责任的工作，你自己也学习了一些东西，千万不要自满，继续努力在团和党领导下工作着学习着，就会不断地进步，自满是进步最大的障碍。你母亲身体不健，年龄已高，仍想学习前进，

1　董良新，董必武的堂侄。当时在湖北省茶叶公司工作。
2　三反运动，指1951年年底至1952年秋在党政机关、部队和国营企业中开展的反对贪污、反对浪费、反对官僚主义的斗争。

良新侄：五月十三日信收到。你想来京看。我们，这意思是了感的，但你已有一定的工作崗位，三反運動後業工作一定很緊張，我们很欢喜，但你为一次面而擱搁工作是不好的，还是把這個念頭打消，搞好工作革命工作吧！你能將个人利益從革命利益，有勇氣争取做一个光荣的共産黨員，這几句話很好，就照着這樣幹。黨在考臨你言行一致後一定會吸收你成為黨員的。你在反及運動中黨已看出你的積極性，提拔你做了一些負責性的工作。自己必須學習一些東西，千萬不要自滿，努力在團和黨身邊，率下工作着學習看就會不彻地进步。自满是退步最大的道德障碍。

你每親身體不健（年龄已高）你想學習前进，我们不僅日用高興，而且很佩服。她写给你的信很好學習有进步慢。助她看近的報紙，使她也能注意世界上勞苦人民的消息不去想个人或一家私事，她的心胸就廣大了。我们的像片再過些時即可寄给你收存，未此洵医你世叔和伯母都好，依望等寫。

伯致宇五月廿八日

手迹原件

我们不仅很高兴，而且很佩服她。她写给你的信很好，学习有
进步，慢慢帮助她看浅近的报纸，使她也能注意世界上劳动人
民的消息，不专想个人或一家的事，她的心胸就逐渐广大了。
我们的像片都是以前照的，清出三张寄给你收存。
专此。

　　问候你母亲和你都好！

　　你母亲给你的信仍寄还。

伯父

伯母　　字　五月廿八日

致董良俊[1]（约1952年5月29日）

良俊侄：

　　现在我把五月十四日起至廿二日止的九份《人民日报》寄给你，报的第三版最下一栏载有连环画，标题为《组织起来比单干强》。我在标题上用红铅笔画了一个圈，很容易找，你可以看一下。这些报里面载有很多故事。如抗美援朝，美帝国主义破坏和阻挠，停战谈判，美侵略军在朝鲜前线和中国境内施放毒菌。我国今年所进行的水利工程、工业、农业、林业的增产和速成识字等等，我说不完，你一时也看不完。但连环画是画的一段故事，有简单的文字说明，比较容易看。我知道你很忙，没有闲工夫多看报，看看报上的画和说明，是花费不了你很多时间的。除画以外，报上其他的记载，你愿意看，又挤得工夫出来，你看一下也好，你也可以约几个愿意听的人在一块，另

1　董良俊，董必武的堂侄。

良俊侄：现在我把五月十四日起廿二日止的九分人民日报寄给你报的单走版最下一栏载有连环画标题每日载起来比单幹陸些。我在标题上用红铅笔画了个圈很容易找你可以看下。这些报裡面载有很多事故，如抗美援朝美帝国主义破壞和汙蔑停战谈判美伪军在朝鲜前线和中国境内施放毒菌。我国今年而进行的水利工矿工业农业林业的增产和建民识字新文字。我说不完，你一时亦看不完，但连环小画述画的一段故事有简单的文字说明比较容易看我和道你很忙没有閒工夫多看报看，报上的画和说明还花得你很很多時間的。除画以外，报上其他的记载你所忘看天橋得工夫出来你看一下。你还可以约几什么寻常的人在一块多托一任能讲的人读给你听更省事。

我所以寄这些报上的画

手迹复印件1

找一位能读的人读给你们听更省事。我所以寄这些报上的画要你看，是想补充我前次回信中没有说清楚的意思。

你前次信中说你收的粮食缴了公粮外不够吃，一年中还有几个月要夹着瓜菜吃，你们的生活还不好。这自然是事实。我国农民生活一般说来解放后比以前好了些。土地改革后比土改前更好些。无地少地的农民分得了一分土地自己耕种，不纳地租，不受地主的气，中农感觉好处不多。政治上的好处经常他们是不考虑的，他们眼前又有些困难，尚无法避免。我们考虑农民的出路包括中农贫雇农在内只有组织起来才好，劳动生产互助组、农业生产合作社都是现在农民组织的生产组织形式。农业生产合作社是现在农民生产组织的高级形式。各地还在作典型试验，现在较普遍存在的形式是劳动生产互助组。前寄回的《人民周报》内有一篇介绍川底村农业生产合作社的文章。你看了就会知道什么是农业生产合作社。农业生产合作社组织起来了后，对社员的农民有什么帮助等等。这次寄的报画想使你看了后也相信参加劳动互助组比单干强。劳动互助组在农村应当是容易组织起来的生产组织形式，各地原存在有不固定的生产互助形式。如农村在插秧割谷、车水等时候的相互帮忙，甲先帮乙的忙，乙又帮甲的忙，这就是劳动互助。把这种形式固定下来，参加互助人数多约几个（但决不要太多的人，特别是开始的时候人不要多）。大家商量共同用劳力和工具来从事农耕，一定比单干的好得多。我不知道县人民政府曾否号召你们这样干过否？因你信中没有提这件事，所要你看一逼，想補充我前次回信中没有说清楚的意思。

你前次信中说你吸的糧食撥的不糧不太够吃，十斤中還有

農民生活一般说來解放後比此前好些，这自然是事實，我国

農民從他的農民得了一塊土地，在土地改革後比土前更恕

些，与地的農民得了一塊土地，在土地改革中農覺得廢不太落

工的將廢，幸他們是不太廢的，他們眼前又有困難當無法避免我

們考慮農民的出路，已从中農食做其。有組織起來才能發動生

產互助的農業生產合作社。初步現在農民生產組織起來的生產組織形

武農業生產合作社現在農民生產組織到高級形武合地

還在作典型試驗，現在的形武是劳動生產互助

組前否回的人民週報尚有一篇介紹川底對農業生產合作社農業生產合

莫做者了，就會和道什么進農業生產合作社農業生產合

作社組織起來，後對社員的農民有什么帮助等，这次寄的報畫

手迹复印件2

想使你看了後也相信参加劳动互助组比单干强，劳动互助
组在农村应该是容易组织起来的生产具减形式。各地原存在
有不固定的互助形式，农村在播种、割谷串水等特候的相互
帮忙，甲先帮乙的忙又帮甲的忙，这是劳动互助把这种形式
固定下未参加互助人数的几个（解决不要太多的人特别是病弱的
时候人不要多），大家商量共同用劳力和工具未从事农耕一定比
单斡的强好得多。我不知道縣人民政府会否特別你们这样斡起
来。因你信中没有提這件事所以我沾手这点，读了我的你
自己先想过了也和你母亲及其他的人商量，大家想遍不说盂這
样斡比单斡好些，你可以找鄉人民政府帮你的忙个織忘織互助
组如人组織起来试一试，你如果有问题可明白这可找我人民政府辞说。
你前信要像片久没有拍照，以前旦的城照小片方你播母清出未
寄给你收在你母親妆纸盒中斡拊让你家裡的春去收起，北信都好
勿念！顺祝
全家清吉！

汝武五月花日

以我关于这点多说了几句。你自己如想过了，也和你母亲及其他的人商量过了，大家想通了，认为这样劳动生产互助组干比单干好些，你可以找乡人民政府帮你约几个决不要多愿意组织互助组的人组织起来试一试。你如果有问题不明白，也可以找人民政府解说。

　　你前信要像片，好久没有拍照，以前照的三张小片子，你婶母清出来寄给你收存。你母亲好。你家中都好！你家种的麦子收了吧？我们都好，勿念！顺祝

阖家清吉！

必武　五月廿九日

致王俊山[1]（1953年12月29日）

俊山甥：

　　十二月九日信收到。

　　你在私营商业中，能够在国营经济地领导下，积极带头合法经营，并几次当选出席代表，可见你自己进步，人民就会推重你的。现在你在学习"过渡时期总路线"，这很好。你知道总路线是要在一个相当长的时期内逐渐实现国家社会主义工业化，并逐渐实现国家对农业、手工业和私营工商业的社会主义改造么？别的暂且不说，单说对私营工商业的社会主义改造，第一步就是把私营工商业引上国家资本主义的轨道。什么叫做国家资本主义呢？那就是国营经济和私人经济合作的经济。我国大小私营工商业或迟或早必须经过社会主义改造，即或迟或早先要走上国家资本主义的路道。你现在是在私人商店中工作，应

1　王俊山，董必武的外甥。

手迹原件2

手迹原件1

该设法鼓励私商积极地经营合法的业务，响应人民政府的号召，自动去接受国营经济的领导（要劝说私商自愿不要勉强），与国营企业、国营商店建立代购代销的关系。这样作开始也会有些困难，但只要你决心这样作，遇见困难找地方党政领导机关帮助，共同想法，困难是可以克服的。你说当过几次代表，大约你也是地方工会的会员，你是否中国青年团员呢？你信中没有说明。你如果认真地学习了总路线，你就不应当马上要到国营商店去工作，应当促成自己工作所在的私营商业和国营经济的合作，你自己就成为国家资本主义经济中的工作人员。你如果是青年团员，想调动工作，应向团请求，不应向我个人请求。

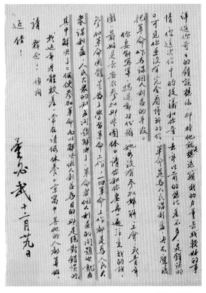

手迹原件3

　　在今年九月间《人民日报》有篇社论，号召全国各机关、企业厉行节约，紧缩开支，因而各机关、企业都在紧缩机构，裁减冗员，现在想凭借私人力量，以介绍方式去找工作，那是直接违反中央的政策。

　　你说去年接到我的信，对你的帮助很大。我记得去年信中批评过你哥哥的错误想法，那时他就是想凭借我的力量去找较好的事情，你这次信中的提议和你哥哥去年以前的想法差不多，是错误的。可见你并没有完全看懂我的信，革命是为人民谋利益，决不应该把革命作为谋个人利益的手段。

　　你妻能写算，搞过邮政代办，她如没有参加妇联、工会或青年团，最好是去要求参加那些团体。请你和你妻再一遍注意我的话：参加革命团体是为了学习革命工作，一切革命工作都是为人民大众谋利益，人民大众的利益问题解决了，革命者个人利益的问题也就在其中解决了。假使参加革命而以解决个人利益为目的，那是绝对错误的。

我近年身体较差，常在请假休养。京寓中其他的人都算好，请　释念！顺问

近佳！

董必武　十二月廿九日

致董良泽[1]（1954年8月）

右起谢飘飘[2]，次良羽[3]，次良润[4]，次何连芝[5]。

余前为良润之女小毛，前左为良翮[6]。

余左为良浩[7]，良浩左前为良泽[8]。

摄于北戴河。时在一九五四年八月中旬。

必武　记

1　良泽，即董良泽，董必武的侄女。这封信是董老在寄赠照片时的题记。

2　谢飘飘，谢觉哉的儿子。

3　良羽，即董良羽，董必武的儿子。

4　良润，即董良润，董必武的侄女。

5　何连芝，董必武的夫人。

6　良翮，即董良翮，董必武的儿子。

7　良浩，即董良浩，董必武的侄子。

8　良泽，即董良泽，董必武的侄女。

右起谢飘飘、次良羽．
次良澍、次何连芝。
余前为良澍之女小毛、
前右为良翮、
余右为良浩、良洁在
前为良泽。
摄於北戴河、時在一九五零
八月中旬。
必武记

手迹原件

寄赠照片

致董良俊[1]（1957年10月3日）

良俊侄：

　　得到你的来信，知道了地方的年成和你个人的收支情况，比上次的信写得好多了，看了很好。

　　你信中提到绍洪[2]的问题，既然已经分开了，这件事让它过去吧，不要再想了。分开以后估计绍洪也有困难，当然你们的困难比绍洪要多一些。你的困难只有依靠社会主义，依靠农业生产合作社的发展，才能逐渐解决。我记起一件故事——我们家三十年前未散居，我们大家在一块时的生活：那时我们都找肥田苋、马耳苋、莴苣叶、白薯叶等来充饥。那时一天只吃两顿，早上吃稀饭，每人两碗；下午吃干饭，每人一碗——还是一浅碗。这样的生活你问问我的大嫂你的妈，大概她还记得。拿你们现在的生活情况来比，应该说你们现在虽苦，但比我们

1　董良俊，董必武的堂侄。
2　绍洪，即董绍洪，董必武堂侄孙。

那时还要好得多。

你们现在最困难的问题是劳力的缺乏，你身体又有病，不要勉强做得太多，使身体更受损害。你们家中能作轻微体力劳动的人，如能使用得当，对你们家里生活都能起作用的。大家都在生产中想办法。如你们喂鸡、养兔、养猪，又在自留地门前屋侧，多种点瓜菜，菜饭夹着吃。还有你哥哥按月寄些钱给你。你坚决拥护生产合作社，社的生产越发展，你们社员的生活就会一天比一天地好起来。不要只想过去好的一面，也要想过去不好的一面，特别是要想将来的出路。干着急是丝毫不能解决问题的。

绍□在暑假中患过的好像是羊痫风的病，以后经医生检查他的身体还好，以后也没有再发什么病，一直很好，所以就没有找中医治疗。他在入学检查的时候有轻微的色盲，也可以说色弱，但没有影响到他现在的学习。只要他努力学习，我们一定会培养他的。你们不必过多的想念他，也用不着感谢。绍□另有一信回复。

我及其家中人等身体都还好。勿念！

请代问大嫂及家中诸人好！

祝你

健康！

必武口述，良浩执笔

十月三日

　　有两份报纸，你拿去看看，特别要看九月三十日第三版上所登的刘介梅的过去和现在的一些事实对比。你看过后，可设法使绍洪也能了解，对他将来一样也有好处的。

致董良俊（约1958年10月12日）

良俊侄：

　　看到你九月廿三日信知道你家中除母亲外都加入了人民公社和公共食堂，你在食堂管伙食帐，你做得对。现在全国农村基本上都组织成人民公社，城市居民家逐渐要人民公社化。农村的人民公社首先就是实现公共食堂。大家都组织起来了，个人想单独过生活是很困难的。我不久以前写给你和良垻[1]一信，信末小字特别提了人民公社的问题。你现在必定已看那封信了。那封信可能写得太简单，你如果读给你母亲听，她未必听得懂，也就未必听得进。那封信上也提了这样的意见，你们买一本关于人民公社的小册子研究一番，把道理和家里的人说清楚，在我的短短几行字中是说不清楚的。这项工作如以前没有作，现在还是要作。

1　良垻，即董良垻，董必武的堂侄。

手迹复印件1

手迹复印件2

　　人民公社是一种新的社会组织形式，是在农业生产合作社的基础上组织起来的。是农业合作社进一步的发展，是农业合作社合理的发展。因为它是新的，发展的特别快，我们过去生活没有经验，思想上也没有准备，你母亲不愿意加入是可以理解的。我前信最后几行小字，料到你们家中会有人遇见此事将要发生的问题。现在问题出在你母亲身上，我能见到她，口头多说几句，可能把问题解释清楚一点。我写几句简单的话，她不认识字，还是要你读给她听，能生效么？我很怀疑。但我还是写几句劝劝她。

　　我想你母亲的事要慢慢地劝。你可以请你姐姐和妹妹来劝劝她，请乡妇联主任或其他亲戚劝劝她。劝她时不要只谈大道理，要懂得她的实际困难所在，帮她解决。加入食堂问题不要把迁居问题拉在一块。食堂问题应先解决。迁居问题等实行迁移时再说，那时可以比较新居和旧居的条件，那一处对生活更方便些，具体的东西摆在面前，她自己就会选择了。

你现在处境很困难，母亲不吃饭，又生你的气，干部不另发她的口粮。你切记一不要自己忧气，二不要和你母亲硬挺。你母亲是爱你的，暂时在气头上想不通，慢慢就会想通的。如食堂的饭粥打回去冷了，找一把茅草烧点火热一下，问题不就解决了吗？

绍简[1]这一向很好，他另有信回你。

北京天气凉了，我就到南方去避寒。顺问

阖家清吉！

必武　十月十二日

1　绍简，即董绍简，董必武的堂侄孙。

致董良俊（1959年1月3日）

良俊侄：

　　去年在北京复你的信想早已收到！以后我去四川，在成都和重庆住了一个多月，到武汉开会，会毕就到广州来了。出京后身体还好。我在武汉参加了我党中央第六次全会，会的决议是解决目前国内根本问题的文件，是有重大历史意义的文件。特购一份寄给你看看。你细心阅读，当可解答你对许多问题的疑惑。你母亲所担心的问题决议内也作了解释。荫叔和你哥哥也得到我寄给他们的一本。另外在这里买了一本《新通书》，是在广东出版，主要为广东人用的。如通书17、18两页31页中，番薯的名称还有其他的地方但也有别地方可以通用的，寄给你作参考。你们的人民公社和公共食堂的情况比以前好些吧。你母亲的情绪也有些转变吧？但愿如此！问

你母亲好，你家中都好！

董必武在广州留影（20世纪50年代中期）

新年愉快！

一九五九年一月三日　　必武手书

绍简[1]前来信要毛选，当时没有买到，这书要预先订购，才能买到。我们一方面为他预定一套，一方面找了一本毛著选读乙种本寄[2]给他，昨日预定的书四册出来了，也寄给他了。再告。

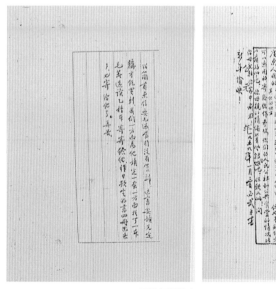
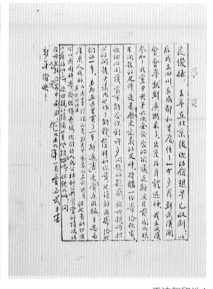

手迹复印件2　　　　　　　　　　　　手迹复印件1

致董良俊（约1959年2月15日）

良俊侄：

　　接你元月十一日信很久了，这期间我患了一次感冒，又因气候受冷，我完全休养，服了些药才恢复过来。你三婶[1]和我一道来广州，牙痛好了些，最近左腿肌腱发炎，不能行动，睡了三天，服药扎针灸艾，已基本好转，但行走还不那么利索。春节前良翚[2]、良翻[3]也来广州，住了两个星期，今天趁便机回北京去了。绍简[4]没有信来，良翚说他在学校时多。今天有人从京寓来，说绍简这一学期功课比上一学期好些，问了学校的先生说他还听话，功课是中等，对共同劳动积极，身体还好。广州逐渐变潮湿了，我们几天就要到别的地方去，逐渐北移，大约三月中旬回到北京。

1　指何连芝，董必武的夫人。
2　良翚，即董良翚，董必武的女儿。
3　良翻，即董良翻，董必武的儿子。
4　绍简，即董绍简，董必武的堂侄孙。

你信中说的公社情形，优缺点都有。是的，各地公社都有像你说的情形存在，党中央要各地整社，公社经过整顿，优点会要发扬，缺点将要改正，有些缺点要社员共同改才改得了，只要社员把公社看作是自己的家庭一样，即当作自己生产、生活据点，公社是一定能巩固下来的。社员对社有什么意见，不管是有关生产的或生活的，都应该在社的会议上提出或向上级提出，可能一次提出不被采纳，如果意见是正确的，领导上和社员们终久会采纳的。你们对于粳稻和籼稻的意见可以向领导上反映。

你已在管较大食堂的火食，你过去管小食堂火食公正，群众信服，你可见群（众）的眼睛是亮的。听领导的指挥，事事和群众商量，帐目向群众公开，困难也请社员共同解决。这样你负担的责任就不会单靠你个人的力量了。

钧礼的事是件小事，在文工团内同样可以学到一些东西，至少他在初中想学的东西在文工团内可以学到。你劝益哥和大姐想开些就好了。

问你母亲新年好！你自己身体应随时注意！

你家中诸人都好！

此信可给良勋一阅。

必武手书　二月十五日

良俊姪：

据你元月十一日信很久了，近期间我患了一次感冒，又因气候受冷，我完全休养，服了些药才恢复来。你二擂和我一道来广州，牙痛犯了些，最近左腿肌腱发炎不大能睡，三天眼病北针灸尤甚，东将转，但行走还不那么利索。春布前良华来广州住。而个星期今天遂使机回北京去了。

……

手迹原件

信封原件

致董良俊、董良勋[1]（约1959年8月20日）

良俊、良勋侄：

　　你们二人的信都收到了，知道我县今年夏旱，影响稻收。实际今年旱灾地区很广，有好几个省缺雨，黄河以北好一些，但又有个别地区受涝。北京就是一个涝区。菜蔬受害很大。菜子有种五次都被冲走了的。自然灾害我们还无法完全避免。幸而我们组织了人民公社，靠集体协作的力量防旱防涝，强［抢］救作物，使旱涝灾大大减轻了。你们在我县抗旱中，当更能看出人民公社的积极作用。你家在公社里生活，要听社委领导安排生产和生活，你们都过苦日子过，又有了去年的经验，尽可能的多生产些瓜菜火着吃，度过今冬明春，以后就会好些。

　　俊侄今年身体较好，总是幸事。不料大嫂又病了，老年人营养欠佳，医药何如？甚念！希望她心放宽些，不要为家中其

1　董良俊、董良勋，均为董必武的堂侄。

他的人担心，赶快把病治好！庆福孙[1]谅必好转。俊妻难产脱险亦不幸中之大幸也。

勋侄[2]身体不健，亦应自行爱护！

我今年身体还好，连芝同志牙痛治了月余已好转，应继续治疗。她中断了，所以还没有完全好，现拟再治。良浩[3]从军后很少回寓，前不久回来一次，我没有见着。良羽[4]暑假回京，身体很好，前日已返哈尔滨去了。良翚[5]、良翮[6]暑假都过得不错，都在上课。良翮已入初中。绍简[7]的学校已开课，现换的学校比以（前）的略为远一点，隔寓中约三站汽车路，走读还算方便。

嵩此即问

阖家清吉！

细奶和贤荫八弟烦代问候！

必武手书　八月廿日

陈和张钧礼外孙患病，嘱他好好疗养。

1　庆福孙，即董绍勤，董必武堂侄孙。
2　勋侄，即董良勋，董必武的堂侄。
3　良浩，即董良浩，董必武的侄子。
4　良羽，即董良羽，董必武的儿子。
5　良翚，即董良翚，董必武的女儿。
6　良翮，即董良翮，董必武的儿子。
7　绍简，即董绍简，董必武的堂侄孙。

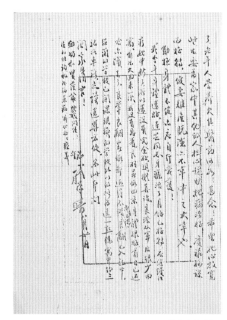

手迹复印件1

手迹复印件2

致董良浩[1]（1959年9月11日）

良浩侄：

　　九月六日信收到了，看了你的信我们都很高兴！祝贺你在部队中屡次获得好评！尤其高兴的是你在获得好评后不骄傲，这点很要紧。只是你太消瘦了，我们也很担心！你应当请医生检查一下，听听医生的意见是必要的。

　　我们上月廿日回到北京，绍简[2]告诉我们，说你来寓过。我们几月没有见面，有些想念。良羽[3]由哈来京，随即到庐山去了，没有见着你，他也很想念你。我们一道由庐山回京。他写了一封信给你，说你如果暂来［时］不能来寓，他可否去看看你呢？这信发了后，没有接得你的回信，到上月廿八日就搭车回校去了。他给你的信，你好像没有收到的样子，问题是否出

1　董良浩，董必武的侄子。
2　绍简，即董绍简，董必武的堂侄孙。
3　良羽，即董良羽，董必武的儿子。

在你的通信地址上呢？他是在绍简处抄来的。他到校已有两次信来，说功课很重，身体还好。我们看见他身体除脊骨上有点小毛病外，一般还是好的。他暑期考试数学不及格，要补考。他已入了党，成为预备党员了。

良翚[1]、良翮[2]和绍简月初都到校上课。

伯妈[3]还在治牙，牙没有完全好。

我身体还好，回京后事情不多，但报纸什志为了国庆十周年找题诗写字的不少，一直忙到现在还没有应付了。《中学生》体育月刊上都登了我的诗，你看到过否？想看点马列主义的书，还没有开始，今后一定要定出计划来读政治经济学，每月读廿页，你可以监督我！

寓中同仁学八届八中全会决议。顺问

近好！

良俊[4]来信说县中旱，他的女人生小孩难产，小孩死在腹中，大人救出来了。并及。

必武　九月十一日

1　良翚，即董良翚，董必武的女儿。

2　良翮，即董良翮，董必武的儿子。

3　指何连芝，董必武的夫人。

4　良俊，即董良俊，董必武的堂侄。

良浩栓：

九月六日信收到了。看了你的信我们都很高兴！祝贺你在部队中屡次获得好评！尤其高兴的是你虽获口好评后不骄傲，这点很要紧。只是你太消瘦了，我们也很担心！你应当请医生检查一下，听从医生的意见是必要的。

我们上月廿日回到北京，纫简告诉我们说你来寓过。我们九月没有见面，有些想念。良羽由哈来京随即到庐山去了，没有见着你，他也很想会你。我们一道由庐山回京，他写了一封信给你，说你如果暑假不能来寓他可否去看你呢？这信发了后没有接到你的回信，到上月廿八日就搭车回校去了。他给你的信，你好像没有收到的样子，问题是否出在你的通信地址上呢？他是由纫简处抄来的。他到校已有两次信来，说功课很重身体还好。我们看见他身体除脊背上有点小毛病外，一般还是好的。他暑期考试数学不及格是补考，他已入了党成有预备党员了。

良翚良朋和纫简月初都到校上课。

伯揖还在治病未见有定全好。

我身体还好，四京后事情不多，但报刊杂志为了国庆十周年找题诗写字的不少，一直忙到现在还没有应付了。中学生、作青月刊上都登了我的诗，你看到过不？想有点马列主义的书，还没有闲功今后一定要定出计划来读。政治医药学每月读廿页，你可以监督我！寓中同志等八届八中全会决议。顺问
近好！

必武九月十一日

致董良俊[1]（20世纪60年代初）

良俊侄：

　　你旧历七月初六日信早收到了。我身体不爽快又懒了些，所以迟到今天才复你。今年夏季湖北北部和东部久旱不雨，我县在内。稻谷收成很不好，地方人民政府已有报告，报纸上已登载过几次，我早知道了。人民政府也拨了大批粮款救济灾荒，但灾民数量太大，每人所得不多。主要靠生产自救。像你们打算多种萝卜白菜便是生产自救的一个例子。以后天下雨，种下去总有些收获。

　　我患肺炎治好后，咳嗽始终未绝，虽不很厉害，医生怕牵动肺，劝我少动。我去做两天工作又病下来，所以仍在休假医治。你婶母今年也多病，至今未愈。其他小孩们都好。今年天旱，收成不好，你母亲还在病中，你身体也不健，我为你们担

1　董良俊，董必武的堂侄。

心，但有什么办法呢？

　　你对私有权有意见可以提。你对农历提的意见很好，我给你转到编农历书的人去审查，合理的要求，他们会采择的。此问
近好！

必武　十月七日

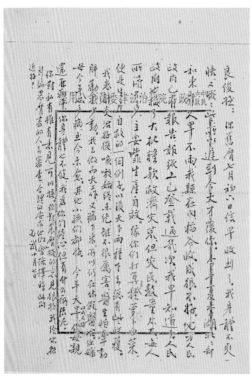

手迹复印件

致董良浩[1]（约1960年10月20日）

良浩侄：

　　在北京寄给你一本俄文《列宁主义万岁》想必收到了，伯妈[2]和我于本月十六日晚间到了武汉，身体都好，勿念！湖北今年年景是平年偏歉，农村生活安排，按照节约原则办，可以过得去。秋收秋种比去年搞得好些，明年春夏收较有希望。我们十七日休息一天，没外出。我赶着把俄文《列宁主义万岁》第一篇中未抄完的译文单字抄至第五十一页。十八日到地方去参观，十九日回寓所，把其余未抄的单字赶抄完了。

　　抄的方法是按页并照页内标号抄的。有一两页底稿上没有标号，也有标漏了的，我都把俄文记出，这样你多麻烦一点，在书上容易找出来。

1　董良浩，董必武的侄子。
2　指何连芝，董必武的夫人。

东 湖 客 舍

ГОСТИНИЦА ДУНХУ

TUNG HU GUEST HOUSE

良浩挺:

在北京寄给你一本俄文刋字主义万岁,想必收到了,伯媪和我于
干月十八日晚前到了武汉,身体都好,勿念!湖北今年之景是平年偏歉,
农村生活安排,按照郡约原到丽,可忍得安,秋收秋种比去年稍浮好,
此明年喜夏收获有希望,我们十七日休息一天没外出,我趁着把俄
文刋字主义万岁第一篇中未抄完的译文单字抄至第五十一页,十八日到地方
去参观,十九日回寫丽,把其你未抄的单字趁抄完了。

抄的方法是按页垂垂页的标端抄的,有一丽天底媪上没有标于,也有标漏了的,
我都把俄文记出这样你多麻烦一点在书上容易找出来。

这篇文章据小牛说译浮很好,很像俄文的韵味,因此,有裝个字俄文需要但
汉文直译不出这至单字中已注出来了。又,55页,13,我只抄了曲辟二字,小牛注的技译
把是这样注的:-- Означает изображение... политики в извращенном виде 曲曲解的
形式描绘---改革,简单译为---把---改革曲解为...

由此点看,她注这篇俄文 ▉▉▉▉ 是费了心思的,这译字是译充,不一定至字典中找译文
来,某些字是会體至字典 ▉▉▉▉▉▉ 中我也难找到,我们费点力学这篇文章和这篇
文章的俄文翻译 ▉▉▉▉▉▉▉ 将会领略到双重妙处,(一)领会文章的意
境便较深细, ▉▉▉▉▉▉ (二)领会俄语文话和字义更明確哎。小牛调剧太
原来工作了,我▉▉▉们再想其这样一位俄文教师就不容易了,你收到这信后
希望寄我一▉▉▉▉信,交北京王秘書转给我。我们日内就往别的地方去,大
約干月十日▉▉▉左右可到广州。顺问

近挺!

十月廿日 老 武

手迹复印件

这篇文章据小牛[1]说译得很好，很像俄文的韵味。因此，有几个字，俄文需要，但汉文直译不出，这在单字中已注出来了。…………

由这点看，她注这篇俄文是费了心思的，这次译字是译意，不一定在字典译文中找得出来，某些字是变体，在字典中找也难找到。我们费点力学这篇文章和这篇文章的俄文翻译将会领略到双重妙处，（一）领会文章的意境较深较细；（二）领会俄语文法和字义更明确些。小牛已调到太原去工作了，我们再想找这样一位俄文教师就不容易了。你收到这信后，希望复我一信，交北京王秘书转给我。我们日内就往别的地方去，大约下月十日左右可到广州。顺问

近好！

十月廿日　必武

1　小牛：即牛立志同志，时任董老的俄文秘书。

致董良俊、董良勋[1]（1962年11月21日）

良俊、良勋侄：

　　接明珠[2]来信，知道你母亲和你们身体都不好，甚念！希望大嫂和良俊能早日恢（复）健康！良勋病好了些，要常常注意保养！

　　明珠的信是连芝同志复的，意思是我们商量过的，明珠刚从事农活就累病了，现在必须休息，把病治好。她的信就文字说，还不通顺，升到中学想难跟上班。在家中觅空自修，可能把文字搞通顺，小学用过的语文课本可复习。你们再在县新华书店买点中小学生课外读物给她，慢慢阅读。千万劝她不要着急，书要慢读、细读、熟读，才能□用。从事劳动也不应一下子用猛力，要渐渐习惯，就不会得病了。

1　董良俊、董良勋，均为董必武的堂侄。
2　明珠，即董绍敏，董必武堂侄孙女，董良俊女儿。

　　绍简[1]前信说他学开拖拉机，有些心得。他要廿元钱，主要是买翻皮鞋，我们已寄他了。寓中情况已见连芝信中，不赘述。明珠信是我批改的。顺祝

　　大嫂和你们都好！

一九六二年十一月廿一日　必武

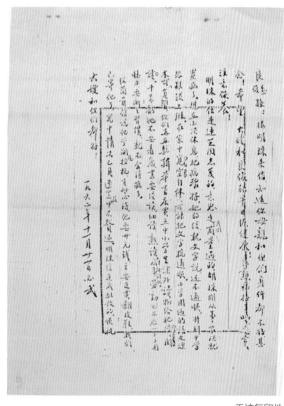

手迹复印件

1　绍简，即董绍简，董必武的堂侄孙。

董必武与五个孙辈的合影（约在1974年）

董必武夫妇与女儿良翠和五个孙辈的合影（1973年）

致董良泽[1]（1965年1月18日）

良泽侄：

伯妈[2]回你的信，谅早收到。我好久没有执笔写信，你儿子晓鸣写了一纸贺信来，我不得写几字回答他，请你转告。

晓鸣孙：

接到你的信，我很高兴。希望你好好学习，学习革命，学习雷锋叔叔。你如不知雷锋叔叔是什么人，可请你妈妈讲雷锋叔叔的故事给你听。学习成为建设社会主义的接班人。祝你

时时进步。

董必武　一九六五年一月十八日

还有晓红，我同样祝她进步。

1　董良泽，董必武的侄女。

2　指何连芝，董必武的夫人。

又你伯妈腰有病，经医诊治已好转，因多年，此次劳累发现至少要四个月才可治好。我在北京不能受寒，拟即南移暂避。

此问

近好！

　　　　　　　　　　必武　一九六五年一月十八日

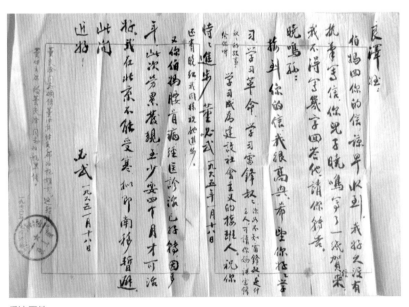

手迹原件

致董良新[1]（1972年1月29日）

良新侄：

　　文化大革命以来，我很少和别人通讯，连你处也不通。我们一家的情况只于前日复献之七叔[2]信中略谈了一些。（我们和

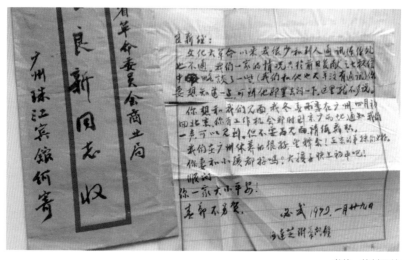

书信、信封原件

1　董良新，董必武的堂侄。

2　献之七叔，即董献之，董必武堂弟。

他也六年没有通讯）你要想知道一点，可到他那里去问一下，这里就不多说。

你想和我们见面，我冬春两季在广州，四月初回北京，你有工作机会那时到京广两地，通知我们一声，可以见到。但不要为见面请假离职。

我们在广州休养的很好，望释念！在京的弟妹们也好。你妻和小孩都好吗？大孩子快上初中吧！

顺问

你一家大小平安！

春节不另贺。

必武　1972.一月廿九日

何连芝附笔问候

致董良泽[1]（1972年6月27日）

　　峣峣者易缺，皦皦者易污，阳春之曲，和者必寡。盛名之下，其实难副。李固与黄琼书中语，见《后汉书·黄琼传》，后汉书卷九十一。

　　人贵有自知之明。经常想一想自己的弱点、缺点和错误。

　　右录第一则，系主席常引以教人的语录。二、三两则为主席语，特录以示

良泽侄！

　　　　　　　　　　　一九七二年六月廿七日　八七老人书

---

[1]　董良泽，董必武的侄女。

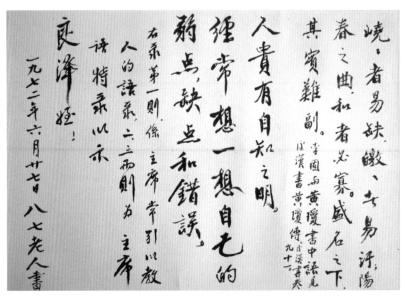

手迹原件

董必武夫妇与家人留影（1975年春）

董必武和谢觉哉打乒乓球，董老夫人何连芝和谢老夫人王定国在旁观战

致董良勋¹（20世纪60年代初）

良勋侄：

　　前信已到达了吧！

　　农业手册已买到。估计可能不适合红安的地理，土壤，气候等条件，因为在买之前不知该手册的内容，买来了翻了一下，觉得对明珠²不太合用，但既已买来了，所以还是寄给她只供参考。

　　此外，你叔父³根据手册的内容写有四点注明，放在手册中。请告诉她注意！

　　我们都很好，希勿念！

何连芝

十一月廿七日

1　董良勋，董必武的堂侄。

2　明珠，即董绍敏，董必武堂侄孙女。

3　指董必武。

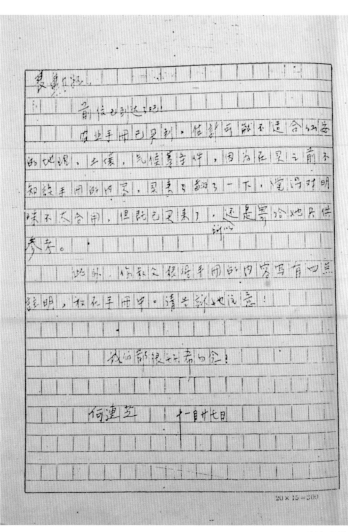

妻象仕玲：

　　前信想必到达了吧！

　　农业手册已寄到，怕新手册不适合仙居的地理、土壤、气候等条件，因为在寄之前不知道手册的内容，寄去了翻了一下，觉得对明珠不太合用，但因已买来了，还是寄给她只供参考。

　　此外，你和之娥把手册的内容写有四点说明，夹在手册中，请告诉她注意！

　　　　　　我们都很好，希勿念！

　　　　何连芝　　　十月廿七日

手迹复印件

致董绍敏[1]（1962年11月22日）

绍敏侄孙女：

　　来信收到了，县里今年收成比较好，这是值得高兴的事。我们对你祖母和父亲的病很关切，希望他们早日恢复健康！

　　你未能升学的事已经过去了，不要再去想它。你开始从事农活不会用气力，因而病倒，既病了，只好休息，把病治好再说，千万不要着急。你和你父亲大概有个共同的思想，以为学习一定要住学校，一定要念书本本，但过去实际作活路的人不可能人人都住学校，都念书。他要把活路作好就必须在作活路中学习。你父亲是一个农活老手，他对农活的知识就不是从学校和书本中来的。我在这里并无轻视学校和书本之意，只是说离开学校和书本作活路，也要学习，也可能学习。你想学一职业，你就学农业吧！我们国家正在从各方面想法促进农业，提

1　董绍敏，董必武堂侄孙女。

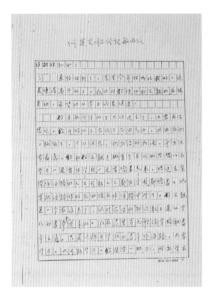

手迹复印件1　　　　　　　　　　　　　　　　手迹复印件2

高农业。农业这一范围要我们去学习的有广大的门类，如土壤，气象，种子，耕具，施肥，灌溉，栽培，农药，管理，登记，统计，核算等等，我们竭毕生的精力，没有人都能学习得了的。我们如果热爱农业，想学其中的一门类，是可以□学会的。绍简[1]现在学的是农业机械，主要是运用拖拉机，还是农业耕具中的一项。从绍简学习的例子来看，可以知道农业范围内待我们学习的多么广泛啊！自然，你会说绍简还是住学校啊。农业各部门的知识作为科学来研究，自以住学校为最好；但在不可能

1　绍简，即董绍简，董必武的堂侄孙。

3

农业生产知识，出版了一份农业生产手册，关于庄稼方面的基本知识都搜罗了，寄一本给你，你看了后可能有些不懂，问你父亲和伯父。他们如不懂，我写信去中共红安县委农村工作部问，那里会找人答复你。你在手册中对某工作有兴趣者所无我再另买书给你。

□□你说学了和以了农业，一点成绩也没有，你则作无限谦却累烦了。你说谈不上成绩，你学了只是未能升学。成绩不能说没，只还有一些，你能写几页字的信，这就是学了的成绩。这一点，你就比你妈妈和祖母幸运些，有机会学识字写信，她们年青时都不能像这样学了了。

□□从你写这封信来看：文句还不够通顺，别字也有几个，标点符号还不会使用，三爸都给你改正了。原信退给你，你仔细研读，也是

20×15＝300

手迹复印件3

住到学校时，在实际作农活中也可能学到有关农业的知识。前面已指出过你父亲的例子，他的知识也是专门知识，但没有系统化，没有提高到理论。政府为了普及和提高农业生产知识，出版了一份农业生产手册，关于农活方面的基本知识都谈到了，寄一本给你，你看了后可能有些不懂，问你父亲和伯父。他们如不懂，就写信去中共红安县委农村工作部问，那里会找人答复你。你在手册中对某工作有兴趣，告诉我，我再找些书给你。

你说学习和从事农业，一点成绩也没有，你刚作点农活就累病了，自然说不上成绩；你学习只是未能升学，成绩不能说好，但还有一些，你能写几百字的信，这就是学习的成绩。这一点，你就比你妈妈和祖母幸运些，有机会学识字写信，她们年青时就不能像你这样学习了。

从你写这封信来看：文句还不算通顺，别字也有几个，标点符号还不会使用，三爹[1]都给你改正了。原信退给你，你仔细阅读，也是一次学习。文章中必须用的标点符号是国务院公布的，它是构成文章的一部分，不可忽视。我把常用的几种标点符号的使用法告诉你：

一、句号"。"表示一句话完了之后的停顿。比如，工厂里有很多工人。

二、逗号"，"表示一句话中间的停顿。比如，他为自己想

1　指董必武。

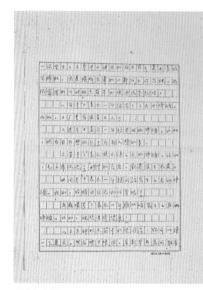

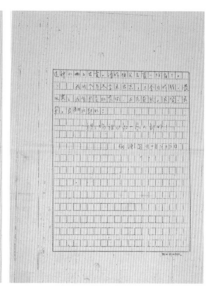

手迹复印件4　　　　　　　手迹复印件5

的少，为别人想的多。

　　三、冒号"："表示提示语之后的停顿 。比如，毛主席说过："科学的态度，就是实事求是"。

　　四、问号"？"表示一句话问完了之后的停顿。比如，你明白自己的任务吗？

　　五、感叹号"！"表示一句感叹话完了之后的停顿。比如，祝您身体健康！

　　以上五种标点符号的使用法，你可以读一下定义，然后练习使用。县新华书店可能有这种小册子出卖，请你伯父去买一份看看。

　　我们今年冬季未出京，三爹身体弱，畏风寒；我有肝炎的象征，正在查验。良浩[1]，良翚[2]，良翙[3]们都好！

　　祝你祖母和一家人都好！

　　　　　　　　　　　　　　　　　　何连芝　十一月二十二日

1　良浩，即董良浩，董必武的侄子。
2　良翚，即董良翚，董必武的女儿。
3　良翙，即董良翙，董必武的儿子。

致董良勋、董良俊[1]（约1963年3月23日）

良勋、良俊侄：

　　来信收到了，大嫂和你们都患过病，均已全［痊］愈，其余的人都好，欣甚！

　　红安今春雪雨多，对春耕有好处亦有不好处，但对植树造林很适宜，县里的荒山秃岭，发动大家努力将可逐步绿化。

　　良俊侄参加金沙公社社会主义教育学习，思想认识提高很快，收获很大。特别在忆苦思甜的对比中，自己写了一份家史，准备在中农会议上诉苦，组织上准备给你印发，这不仅对广大社员是一个很好的现实教育，对自己也是一个很好的学习和锻炼。因不回忆过去的苦，不对比今日的甜，就不知道革命果实来之不易，也就不知道党的领导伟大。为了保护既得的革命果实，就要积极参加阶级斗争，生产斗争，科学实验，把社会主

1　董良勋、董良俊，均为董必武的堂侄。

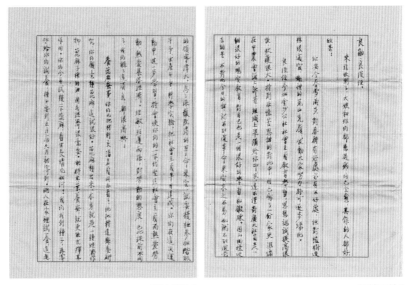

手迹原件2　　　　　　　　　　　　　　手迹原件1

义早日建成。你们在这次运动中，进一步学习，将会使你们的下一代坚信社会主义而热爱劳动，热爱集体经济。绍敏[1]、绍莲[2]两孙，对劳动的态度，已比从前不同了，我们听了这消息，都很高兴！

　　养蓖麻蚕事，你们已把材料交潘名义同志看了，他拟转达县委研究，你们愿意种蓖麻，这就很好。蓖麻种出来，本身就是一种经济作物，蓖麻子榨的油，国民经济很需要。能将其叶养蚕，就更能发挥其作用。你们今年试种一下蓖麻，看生长

1　绍敏，即董绍敏，董必武堂侄孙女，董良俊之女。
2　绍莲，即董绍莲，董必武堂侄孙女，董良俊之女。

 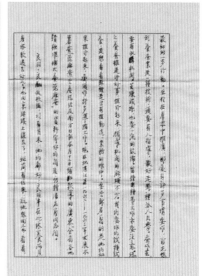

手迹原件4   手迹原件3

情况如何？我们找到种子，再寄些给你们试养，种子要到五月底六月初寄到。个人在家里试养，这是最初的一步行动。至于在群众中推广，那还有许多事情要作，首先想到养蚕业是一种技术，须要有人指导，最好是县里派人去学。蚕作茧，要有收购机关，茧缫成丝，也要一定的设备。留种制种等工作亦要注意。总之养蚕虽是件好事，推行起来，领导机关的麻烦不少。我们要你们试种试养，是想看看县里是否有推动这一业务的条件。要告诉名义的是他们如果推行起来，还须作许多准备工作。现在把湛江区一九六二——一九六三年发展木薯蚕（蓖麻蚕）生产总结及《南方日报》本月十二日头版报导的广东"全

信封原件

省各地积极准备大养蓖麻蚕"的资料寄你们阅后，仍转潘名义同志阅。

良羽[1]、良翮[2]返校后，均有信来，他们都好，良翚[3]在此休养两月，身体较过去好些，也回京继续上课去了。绍简[4]有信来，说他想回家看看，我们同意。你三叔[5]春节感冒，幸治疗及时，早已全［痊］愈。我是小病不断，近几天来，气候转暖，比较好些。知注特告，请释念！

祝你们的

母亲身体健康！并问

全家安好！

何连芝　三月廿三日

沈德纯附笔问好

1　良羽，即董良羽，董必武的儿子。

2　良翮，即董良翮，董必武的儿子。

3　良翚，即董良翚，董必武的女儿。

4　绍简，即董绍简，董必武的堂侄孙。

5　指董必武。

致董良俊[1]（约1966年11月17日）

良俊侄：

　　十一月九日信收到。知道你们全家都很好，甚慰！大队干部平时对财务工作重视领导不够这是可能的。但经过四清后，情况会改变的，只要你搞好自己经管的账目，定期请其审查公布，就会搞好的。

　　你大女儿绍敏来京串联，迄今未见抵京来信，可能中途受阻或因火车拥挤乘不上车所致。现在北京天气已寒冷，你叔父[2]容易感冒，我们明天就动身到外地去了，你女儿到北京后将会不上我们。已告留在京工作同志接待，此告即询

近佳。

何连芝
十一月十七日

1　董良俊，董必武的堂侄。

2　指董必武。

良俊侄：

　　十一月九日信收到。知道你们全家都很好，甚慰！大队干部平时对财务工作重视领导不够这是可能的。但经此四清后，情况会改变的，只要你搞好自己经管的账目，定期清算审查公布。就会搞好的。

　　你大女儿结婚喜来幸联，迄今未见抵京来信，了许中途受阻或因火车拥挤来不上车所致。现在北京天气已寒冷，你叔父容易感冒，我们明天就动身到外地去了，你女儿到北京后将会不上我们。已告诉在京工作同志去接待，不必忧虑

近佳

何连芝
十一月十七日

手迹原件

致董献之[1]（1974年10月3日）

献之七叔：

　　收到你的来信使我们知道了你的情况及武汉当前的形势，甚慰！望你注意休息，多加保重！

　　佑章[2]来京时正遇云云[3]在石家庄患急病，我去看望后接回北京治疗，现在好些了。良豪[4]夫妇上班很忙，所以没有接待，请他谅解。你三哥[5]住郊外，现在身体还好，最近出去接国书，还参加了"十一"招待会。其它大人小孩都很好，请勿念！

敬祝　身体健康！

何连芝

1974　10月3日

1　董献之，董必武堂弟。
2　佑章，董献之女婿。
3　云云，即顿云润，董良翮之妻。
4　良豪，应为董良浩。
5　指董必武。

献之七叔：

　　收到你们的来信，从我们知道了你们的情况及武昌前的形势，甚慰！兰你注意休息，多加保重！

　　佑章来京时正迟云之左右家批患急病，我去看过后接回北京治疗，现在好些了，良豪夫妇上那很忙，所以没有接待，请他谅解；你三哥住郊外，现在身体还好，最近主要接图书，还参加了十·招待会，其它大人小孩都很好，请勿念！

　　敬祝　身体健康！

何莲芝 1974
10月3日

手迹原件

致董绍胜[1]（1976年3月17日）

绍胜孙：

　　你三月十日的来信已收到，知你已顺利到达部队，我们很高兴。

　　你从农村应征参加解放军，到部队这所大学校里锻炼学习，这是一个很好的条件，应该严格要求自己，抓紧世界观的改造，服从组织纪律，刻苦学习，在领导和同志们的帮助下迅速成长起来。要继承和发扬革命前辈和部队的光荣传

手迹复印件

1　董绍胜，董必武侄孙。

统，争取更大的光荣。要努力工作，搞好团结，争取早日加
入共产党。

你信中已表达了你要求进步的愿望，望你能坚持不懈。

我身体还好，请勿念。

此

致

奶　何连芝

76.3.17

致董绍胜（1977年3月30日）

绍胜：

你写给我的信前天才由武汉转来，你的进步是可喜的。我在海南岛与你谈话中例举了你三爹[1]生前所指教的："要把自己当作一块破布一样，党需要把自己补在那里，那就在那里起到补钉的作用。"这一席话，你能记住，并照这样去做就很好。你有保卫祖国建设边疆的决心和争取早日加入中国共产党，这很好，革命的青年就要有革命的雄心壮志，希望你在党的培养教育下进步得更快。

你已得知我去红安家中的一些情况，家中的人都还很好，我们很高兴你的哥哥的婚事，不仅是经济上节了约，最主要是以实例破除了旧风俗旧的习惯势力，是政治上的一个收获。

关于在海南照的相片，由于光线不好，照的技术也不佳，

---

1 指董必武。

冲洗不出来，特告知你。

另外，你代我问候部队和舰上领导同志和同志们好。

我回京后身体还好，家里的人都还好，顺问，你好。

何连芝

1977.3.30

致董绍胜（1979年3月23日）

绍胜孙：

　　你的来信收到了，我这次去武汉能巧遇你探家会面，心里十分高兴，要说的话见面时都已说过了，没有更多的话要说。总是希望你努力学习，好好工作，精通业务，时刻准备着为保卫祖国，为实现国防现代化贡献自己的力量，做出优异的成绩。同时要注意身体，有病及时治疗，因为只有强壮的体质，才能完成祖国人民交给你的任务。

　　我这里一切均好，勿念！

何连芝

1979.3.23

绍胜孙：

　　你们的来信收到了，我这次去武汉能巧连扬招家会在，心里十分高兴。要说的话见面时都已说过了，没有更多的话要说。总是希望你努力学习，好好工作，精通业务。时刻准备着为保卫祖国，为实现国防现代化贡献自己的力量，做出优异的成绩。同时要注意身体，有病及时治疗，因为只有强壮的体魄，才能完成祖国人民交给你的任务。

　　我这里一切均好，勿念！

何连芝
1979.3.23

手迹复印件

致董良勋[1]（某年[2] 2 月 24 日）

良勋侄：

你阳历元旦、阴历除夕的两信均由北京转来。读后，知道红安去冬雨雪调和，麦苗肥壮，社员生产情绪饱满，今年又有丰收的希望。春节物资供应丰盛，价格便宜，你们春节过得甚好，良俊[3]侄又添一女。都是好消息，我们听了，都很高兴！

你们工作忙，不要多写信，一月或两月有次把信通通音问就够了，我们告诉良浩[4]、良羽[5]也是这样的。以后有信寄京寓转，比较可靠。

绍简[6]孙到潜江总口农场修配厂实习，已有信来，那里条件虽差，由于领导重视，他能认真学习，一定能学习一些本领，

1　董良勋，董必武的堂侄
2　此信编者未能确定年代。
3　良俊，即董良俊，董必武的堂侄。
4　良浩，即董良浩，董必武的侄子。
5　良羽，即董良羽，董必武的儿子。
6　绍简，即董绍简，董必武的堂侄孙。

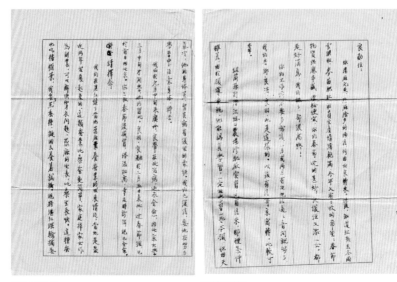

手迹原件2　　　　　　　　　　　手迹原件1

手迹原件3

但因天气冷，他的身体差，肾炎病有复发的象征。我们已复信，要他在努力学习中，注意身体，特告。

我们于元月中旬来广州，良翚[1]在此治病，还未全［痊］愈，因北京大学三月中旬才开学，她仍留此。良羽、良翻[2]于二月五日来此，过春节后，已于前日回北京。你三叔[3]春节后感冒，体温加高，幸及时诊治，现已全［痊］愈，请释念！

我们在湛江谈了当地蓖麻叶养蚕业的发展情况，当地是最近两年发展起来的，这类蚕业比桑蚕更简单，家庭妇女作为副业，可以解决穿衣问题。蓖麻的生长，比桑生长快。这种蚕也吃椿树叶，我要了点蚕种，拟回去养着试验。现将湛江经验摘要另抄给你，你和良俊看后考虑一下，你们可以试养否？

此致
敬礼！　并请代问你的
母亲及全家安好！

何连芝　二月廿四日

沈德纯附笔问
良勋同志合家安好，并代问
齐义同志好。　二月廿五日

1　良翚，即董良翚，董必武的女儿。

2　良翻，即董良翻，董必武的儿子。

3　指董必武。

致董绍胜[1]（某年[2]5月3日）

绍胜侄孙：

　　来信收到了。知道你的工作和学习很紧张，这是很好的，但是在工作和学习都很紧张的情况下，要注意锻炼身体，增强体质，这样工作和学习才能搞的更好，也才能坚持下去。要注意加强政治学习，争取成为一个共产党员，为共产主义事业贡献出自己的一生。

　　我们这里一切都很好，请勿念！

何连芝

5.3日

1　董绍胜，董必武侄孙。

2　此信编者未能确定年代。

手迹复印件1

手迹复印件2

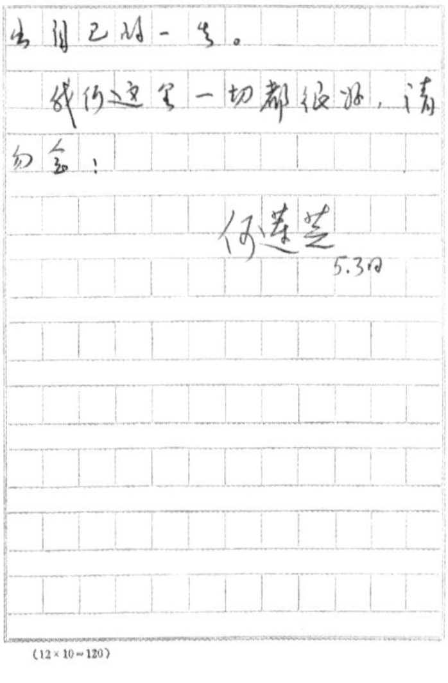